PRINCIPES D'ADMINISTRATION COMMUNALE

SUPPLÉMENT.

ABATTOIRS.

(Voir tome I, p. 1.)

Un décret rendu en Conseil d'État, à la date du 1er août 1864, attribue aux préfets les décisions à prendre sur les demandes qui seront formées pour la création et l'exploitation des abattoirs publics. Mais, comme les taxes à percevoir dans ces établissements influent sur les prix de consommation, cet acte a dû déterminer des limites spéciales, afin de sauvegarder l'intérêt des subsistances.

Les articles 2, 3 et 4 du décret ont pourvu à ce besoin, en rappelant que le produit des abattoirs ne doit pas excéder les frais d'entretien et de gestion de ces établissements, y compris l'intérêt des capitaux engagés, et en fixant à 1 centime 5 millièmes, au maximum, par kilogramme de viande nette, le taux normal du droit d'abatage admissible. (Circ. du min. de l'agriculture, du commerce et des travaux publics, du 8 septembre 1864.)

L'article 4 a prévu toutefois le cas où les communes seraient forcées de recourir à l'emprunt ou à une concession temporaire de l'exploitation, pour faire face à la construction et à l'installation des abattoirs qu'elles voudraient créer. En de telles circonstances, les taxes d'abatage pourront atteindre le chiffre de 2 centimes par kilogramme de viande nette, si ce chiffre est reconnu nécessaire pour assurer l'amortissement de l'emprunt ou la conclusion du traité. Mais l'article 5 explique qu'aussitôt après l'accomplissement de l'amortissement des sommes empruntées, le tarif sera réduit de manière à ce que les recettes annuelles couvrent seulement les frais d'entretien et de gestion. Enfin, l'article 6 du décret du 1er août 1864 dispose que, si des circonstances exceptionnelles nécessitaient des taxes supérieures à celles qui viennent d'être énoncées, elles ne pourraient être autorisées que par décret impérial rendu en Conseil d'État. (Circ. précitée.)

Dans les décrets d'autorisation qui ont été rendus, il a été d'usage constant d'introduire une clause qui permettait exceptionnellement l'abatage des porcs à domicile, pour la consommation personnelle des habitants, mais dans un lieu *clos et séparé de la voie publique*. Cette réserve n'a pas été insérée dans le décret du 1er août 1864; mais le gouvernement a entendu qu'elle serait exprimée dans les actes d'autorisation que prendront dorénavant MM. les préfets. (Circ. précitée.)

Les taxes d'abatage, étant la représentation des services rendus aux personnes qui font usage des abattoirs, sont exclusivement applicables aux animaux tués dans ces établissements, et on ne peut assujettir les bouchers ou charcutiers qui ne conduisent pas leurs animaux à l'abattoir, aux taxes dont il s'agit, ni à des taxes équivalentes. Si l'administration municipale tient de ses pouvoirs de police le droit de surveiller, d'inspecter et de vérifier les comestibles, ce droit ne va pas jusqu'à lui permettre d'interdire la vente des viandes qui échapperaient aux taxes d'abatage comme provenant d'animaux tués hors de l'abattoir communal ; une semblable mesure serait inconciliable avec les principes de la liberté commerciale qui dominent la législation. (Déc. min. ; Bullet. offic. du min. de l'int., 1866, p. 40.)

Le ministre de l'intérieur a décidé qu'une convention passée entre une commune et un entrepreneur qui se charge de la construction d'un abattoir, moyennant la concession, pendant un laps de temps plus ou moins long, du produit des taxes d'abatage, ne peut être assimilée à un emprunt déguisé, puisque le remboursement des frais de construction doit avoir lieu au moyen des produits mêmes de l'abattoir, ressource toute spéciale qui n'a pas encore figuré au budget communal, et qui, dès lors, peut être réservée temporairement pour cette destination, sans que la situation financière s'en trouve affectée.

L'autorité préfectorale est compétente, d'après les dispositions du décret du 1er août 1864, pour statuer sur les propositions du conseil municipal, sauf le cas où celui-ci ne se renfermerait pas, pour la fixation du tarif des droits d'abatage, dans les limites déterminées par l'article 4 du décret précité. (Bullet. off. du min. de l'int., 1865, p. 647.)

ACQUISITIONS.

(Voir tome I, p. 9.)

Aux termes de l'article 1er, § 1er, de la loi du 24 juillet 1867, les conseils municipaux *règlent* désormais, par leur délibérations, les acquisitions d'immeubles, lorsque la dépense, totalisée avec celle des autres acquisitions déjà votées dans le même exercice, ne dépasse pas le dixième des revenus ordinaires de la commune. En cas de désaccord entre le maire et le conseil municipal, la délibération ne sera exécutoire qu'après l'approbation du préfet.

Le calcul devra être fait, non sur le total des recettes ordinaires figurant au budget de l'exercice courant, mais sur la moyenne de ces recettes, établie d'après les comptes administratifs des trois dernières années. (Circ. int., 3 août 1867.)

Lorsqu'il s'agit d'expropriations pour cause d'utilité publique, il est procédé d'après les règles établies par la loi du 3 mai 1841 ; toutefois, en ce qui concerne les chemins vicinaux, les dispositions spéciales de la loi du 21 mai 1836 (art. 15 et 16) n'ont pas été modifiées par la loi de 1841. — Voir *Travaux*.

Acquisitions payables à long terme. — Une circulaire du 11 mai 1864 [1] invitait les préfets à faire instruire comme en matière d'emprunts, et à soumettre au ministre de l'intérieur, tous les projets d'acquisitions ou de traités avec des entrepreneurs, lorsque ces projets

---

[1] D'après la circulaire du 12 août 1840, les communes ne peuvent, sans remplir les formalités exigées en matière d'emprunt, traiter avec un entrepreneur pour la construction d'un édifice, l'ouverture d'une rue ou toute autre opération d'utilité communale, avec stipulation que cet entrepreneur ne sera payé qu'en plusieurs années et à la charge de lui tenir compte de l'intérêt de ses avances.

D'après la jurisprudence du Conseil d'État et les avis plusieurs fois répétés de la Cour des comptes, les mêmes règles sont applicables aux acquisitions payables à long terme et déclarées passibles d'intérêts déclarés ou dissimulés, ainsi qu'aux avances de fonds remboursables à longue échéance. Toutes ces opérations constituent de véritables emprunts déguisés. Ce principe a été consacré par une loi du 16 avril 1862, en ce qui concerne la ville de La Rochelle. Il y a donc lieu de considérer comme un emprunt toute convention en vertu de laquelle une commune souscrit des annuités et stipule des intérêts pour le payement d'acquisitions ou de travaux. (Circ. int., 11 mai 1864.)

Le Conseil d'État a décidé, par un arrêt du 14 août 1865 (*commune de Beaumont en Veron*) que, dans les communes dont les revenus sont inférieurs à 100,000 francs, le conseil municipal n'agit pas régulièrement lorsqu'il vote, *sans le concours des plus imposés*, une dépense qui doit être réalisée *en une fois*, par exemple un travail public ou une acquisition d'immeuble, mais qu'il ne peut payer *immédiatement* ou pour l'acquittement de laquelle il s'entend avec l'entrepreneur des travaux ou le vendeur de l'immeuble, lui promettant de le payer en un certain nombre d'années, avec ou sans intérêts. Ce sont là des emprunts déguisés.

engagaient les ressources ordinaires du budget communal *au delà d'une durée de six ans*. Ces prescriptions se trouvent modifiées par suite des articles 3, 5 et 7 de la loi du 24 juillet 1867. Le droit de statuer sur ces acquisitions et sur ces traités rentre désormais dans la compétence des conseils municipaux, dans les attributions du préfet ou dans celles du gouvernement ou du pouvoir législatif, suivant les distinctions que cette loi a établies relativement au vote et à l'approbation des emprunts communaux. (Circ. int., 3 août 1867.) — Voir *Emprunts*.

Purge des hypothèques. — Aux termes de l'article 1er de l'ordonnance du 18 avril 1842, les maires ne pouvaient être dispensés de remplir les formalités de purge des hypothèques, à l'égard des acquisitions *amiables* opérées pour le compte de leurs communes, que lorsque la valeur des immeubles n'excédait pas 100 francs. Par suite, les communes étaient obligées de supporter les frais et de subir les lenteurs de la purge dans beaucoup de cas où elles n'y avaient pas réellement intérêt, soit parce que les frais de purge atteignaient presque le même chiffre que le prix d'acquisition, soit parce que la solvabilité du vendeur ou l'origine de la propriété rendait cette précaution superflue.

Le gouvernement a été amené à reconnaître que la limite fixée par l'article 1er de l'ordonnance du 18 avril 1842 était trop restreinte, eu égard surtout à la sécurité nouvelle donnée aux communes, comme aux particuliers, par la loi de 1855 sur la transcription hypothécaire. (Circ. int., 25 juillet 1866.)

Aux termes d'un décret réglementaire du 14 juillet 1866, les maires peuvent désormais, lorsqu'une délibération du conseil municipal, approuvée par le préfet, les y a autorisés, se dispenser de remplir les formalités de purge des hypothèques à l'égard d'acquisitions d'immeubles réalisées à *l'amiable* par les communes et dont le prix n'excède pas 500 francs.

Mais une délibération par laquelle un conseil municipal déclarerait dispenser le maire, d'une manière générale, de remplir les formalités de la purge pour toutes les acquisitions auxquelles s'appliquerait le décret précité, ne pourrait être approuvée. En effet, d'après l'esprit, sinon le texte du décret du 14 juillet 1866, les conseils municipaux doivent être appelés à examiner, à l'égard de chaque acquisition, si les formalités de purge ne sont pas inutiles à raison, soit de l'origine de la propriété, soit de la solvabilité notoire du vendeur, soit de la modicité du prix d'acquisition. De son côté, l'autorité préfectorale a pour devoir de n'approuver les délibérations qui ont dispensé le maire de remplir ces formalités que dans le cas où un examen sérieux des motifs invoqués fait reconnaître que les communes peuvent renoncer, sans inconvénient, aux garanties de la purge des hypothèques. Or une dispense générale serait incompatible avec ce double examen. Rien ne s'oppose, au surplus, à ce que, dans le but de prévenir des lenteurs, la dispense des formalités de purge soit comprise dans les délibérations qui votent les acquisitions, ainsi que dans les arrêtés préfectoraux qui approuvent celles-ci. (Déc. min. int.; Bulletin officiel, 1868, p. 97.)

Aux termes de l'article 54 de la loi du 3 mai 1841, lorsqu'il existe des inscriptions hypothécaires sur un immeuble exproprié, le prix ne doit pas être versé entre les mains de l'ancien propriétaire; il suffit de le consigner pour être remis ou distribué ultérieurement selon les règles du droit commun. Le receveur municipal doit, à moins d'engager sa responsabilité, requérir un certificat constatant la situation hypothécaire de l'immeuble en question, et, s'il existait des inscriptions régulières, consigner le prix d'acquisition ou ne le payer qu'après la mainlevée des charges hypothécaires. (Déc. min. int.; Bulletin officiel, 1863, p. 89.)

ALIÉNATIONS.

(Voir tome I, p. 67.)

Les cahiers des charges préparés pour les adjudications des biens communaux contiennent souvent une clause finale portant que la vente ne sera définitive qu'après que le procès-verbal aura été revêtu de l'approbation du préfet.

A l'occasion d'un pourvoi au contentieux, formé contre un arrêté préfectoral qui, en vertu de cette clause, avait refusé de confirmer la vente d'un terrain communal, opérée aux enchères publiques par-devant notaire, le Conseil d'État a pensé qu'aucune disposition de loi ne subordonnait l'exécution de cet acte de vente à l'approbation du préfet; que la clause insérée à cet égard dans le cahier des charges n'a pu avoir pour résultat d'attribuer au préfet le pouvoir d'annuler un contrat de droit civil; que, dès lors, ce fonctionnaire a excédé les limites de ses pouvoirs, en décidant que l'acte d'adjudication n'était pas approuvé.

Par suite, un décret au contentieux, rendu à la date du 6 juillet 1863 (commune de Pratz-de-Carluy, Dordogne), a annulé l'arrêté attaqué. (Circ. min. int., 24 février 1864.) — Voir également un arrêt du Conseil d'État du 9 janvier 1867, *Verdier*[1].

Des préfets ont consulté le ministre de l'intérieur sur le point de savoir :

1° Si le principe posé dans le décret précité est égale-

---

[1] L'acte d'adjudication constitue un contrat de droit civil, et l'autorité judiciaire est seule compétente pour statuer sur sa validité, sauf à cette autorité à surseoir au cas où sa décision serait subordonnée à la solution de questions préjudicielles par l'autorité administrative.

En conséquence, un pourvoi formé par un particulier contre un arrêté préfectoral qui a autorisé une aliénation de biens communaux n'est pas recevable si ce particulier ne justifie pas qu'il a saisi l'autorité judiciaire des difficultés élevées par lui sur la validité de l'acte d'adjudication et qu'il a été sursis à statuer, par cette autorité, jusqu'à la solution de questions dont il appartiendrait à l'autorité administrative de connaître. (Arrêt du 9 janvier 1867.)

ment applicable aux actes notariés et aux actes passés par les maires dans la forme administrative;

2° Si, dans le cas de l'affirmative, l'autorité préfectorale ne devra pas, du moins, continuer à exercer sur ces divers actes un contrôle que paraît réclamer l'intérêt bien entendu des communes.

Le ministre a répondu : Aucune disposition législative ou réglementaire n'a établi de distinction, relativement à l'approbation des actes de vente des biens communaux, entre les actes reçus par les notaires et ceux qui sont rédigés par les maires. L'esprit de la loi du 18 juillet 1837, d'après l'interprétation actuelle du Conseil d'État, s'oppose donc, dans l'un comme dans l'autre cas, à toute stipulation qui subordonnerait la validité d'une vente régulièrement autorisée à l'approbation ultérieure de l'administration supérieure. Mais celle-ci, en vertu de son pouvoir de tutelle, a nécessairement le droit d'examiner si les aliénations qu'elle a autorisées ont eu lieu aux clauses et conditions sous lesquelles cette autorisation a été accordée. Elle peut exiger, dès lors, qu'on lui transmette une ampliation de tous les actes de vente, soit notariés, soit passés dans la forme administrative, et si elle reconnaît que les intérêts d'une commune ont été gravement lésés par suite de l'inobservation des conditions ou d'autres irrégularités, il lui appartient de provoquer l'annulation du contrat. Elle n'a pas, sans doute, la faculté de saisir elle-même les tribunaux compétents pour prononcer cette annulation; mais il lui est permis d'agir par voie de conseils et de persuasion, c'est-à-dire d'engager la commune, ou, au refus de celle-ci, l'un de ses contribuables, à intenter une action en rescision, après avoir rempli les formalités prescrites par l'article 49 de la loi du 18 juillet 1857. (Déc. min.; Bullet. offic., 1864, p. 134.)

Le principe posé par le décret du 6 juillet 1863 ne s'applique pas seulement aux procès-verbaux des adjudications des biens communaux, mais aux actes de toute espèce, notariés ou administratifs, concernant les ventes, acquisitions, partages, transactions, acceptation de dons et legs, etc. En effet. du moment où ces actes ont été passés en vertu de délibérations des conseils municipaux, approuvés par les préfets, ils constatent l'existence des contrats de droit civil, et, comme tels, ne peuvent plus être annulés, soit en totalité, soit en partie, par l'autorité administrative. Cette jurisprudence ne souffre d'exception qu'à l'égard des baux, spécialement régis par l'article 47, § 2, de la loi du 18 juillet 1857. Elle concerne, du reste, les établissements de bienfaisance aussi bien que les communes. (Circ. int., 27 octobre 1864.)

Le ministre des finances a fait remarquer que, par suite de la nouvelle jurisprudence du Conseil d'État, les receveurs des finances pourraient ne plus avoir connaissance, en temps utile, des sommes à recouvrer au profit des communes, et que les opérations dont il s'agit seraient ainsi soustraites à la surveillance que ces comptables doivent exercer sur le maniement des deniers communaux. Mais les préfets peuvent remédier à cet inconvénient en prescrivant aux maires de leur adresser, immédiatement après la vente, deux copies sur papier libre du procès-verbal d'adjudication, l'une, qu'ils transmettront sans délai au receveur des finances de l'arrondissement, l'autre, qui leur permettra de vérifier si toutes les conditions du cahier des charges soumis à l'approbation préfectorale ont été exactement observées. (Circ. préc.)

ARCHITECTES.

(Voir tome II, p. 710.)

C'est aux communes, par l'organe de leurs représentants légaux, qu'il appartient non-seulement de choisir les architectes chargés de la rédaction des plans et devis et de la direction des travaux qui les intéressent, mais encore de fixer, par des conventions librement débattues, les honoraires qu'elles doivent leur accorder. (Déc. min., Bullet. offie., 1866, p. 321.)

L'autorité préfectorale peut adresser des *conseils* aux administrations municipales sur la rédaction des projets, la direction, la surveillance et la réception des travaux, sur le choix des architectes, le montant des honoraires à leur accorder et les garanties de moralité et de capacité qu'ils doivent présenter; mais elle ne doit pas aller au delà, et elle commettrait un excès de pouvoir en infligeant telle ou telle peine à un architecte pour une infraction à ses devoirs, notamment en lui faisant défense, pour un temps quelconque, de prendre part à des travaux d'intérêt communal. (Déc. min.; Bullet. offic., 1866, p. 321.)

Une commune ne peut pas, en se fondant sur ce que le taux des honoraires dus aux architectes chargés de dresser les plans et de diriger les constructions des édifices communaux aurait été fixé à 5 pour 100 par l'avis du conseil des bâtiments civils du 12 pluviôse an VIII, se refuser à acquitter les honoraires de son architecte sur le taux de 7 pour 100, alors que le devis, approuvé par le conseil municipal, fixe ce taux à 7 pour 100, en y comprenant les frais de voyage et de direction des travaux. (Arrêt du Conseil d'État du 28 mai 1866, *commune de Firminy*.)

Des difficultés s'étant élevées entre une commune et un architecte au sujet des honoraires dus à ce dernier pour avoir procédé à la vérification et au règlement des travaux de restauration d'un presbytère, le préfet a demandé si l'on doit considérer les frais de déplacement de l'homme de l'art comme compris dans le taux des honoraires auxquels il a droit, d'après le tarif en usage dans le département.

Le ministre de l'intérieur a répondu qu'en général les frais de déplacement sont, en effet, compris dans les honoraires alloués aux architectes par les tarifs pour la vérification et le règlement des travaux ; que toutefois, quand les circonstances exigent des dérangements exceptionnels, il est équitable de tenir compte des dépenses qu'ils peuvent entraîner. Le ministre a rappelé qu'au surplus, lorsque les communes et les architectes ne se mettent pas d'accord, les difficultés ne peuvent être tranchées juridiquement que par le conseil de préfecture, sauf recours au Conseil d'Etat. (Déc. min.; Bullet. offic., 1864, p. 136.)

BAUX.

(Voir tome I, p. 109 et 139.)

Aux termes de l'article 1er de la loi du 24 juillet 1867, les conseillers municipaux régleront désormais, par leurs délibérations, les baux à loyer des maisons et bâtiments appartenant à la commune, pourvu que la durée du bail ne dépasse pas dix-huit ans.

Mais aucune disposition de cette loi n'autorise à considérer comme abrogé le dernier paragraphe de l'article 47 de la loi du 18 juillet 1837, et, dès lors, tout acte de bail passé par le maire devra, pour devenir exécutoire, être revêtu de l'approbation préfectorale. La circulaire du ministre de l'intérieur du 5 août 1867 engage d'ailleurs les préfets à ne refuser cette approbation que pour des motifs exceptionnels, et, par exemple, dans le cas où les termes de l'acte de bail ne reproduiraient pas exactement le sens des dispositions adoptées par le conseil municipal. Rien n'est changé quant aux baux des biens pris à loyer par les communes, et les préfets continueront à approuver les délibérations prises en pareille matière par les conseils municipaux. (Loi du 18 juillet 1837, art. 19 et 20; décret du 25 mars 1852, tableau A; circ. int., 5 août 1867.)

BUDGETS.

(Voir tome I, p. 185.)

Le décret du 25 mars 1852 attribuait aux préfets le droit de régler tous les budgets des communes (sauf en ce qui concerne la ville de Paris). Toutefois, lorsque le budget des villes dont le revenu est de 100,000 francs et au-dessus contenait, pour la première fois, une imposition extraordinaire, il devait être soumis à l'approbation du pouvoir central.

Mais dorénavant, aux termes de l'article 15 de la nouvelle oi du 24 juillet 1867, les budgets des villes ayant *trois millions au moins* de revenu devront être soumis à l'approbation de l'Empereur, sur la proposition du ministre de l'intérieur.

Le chiffre de 3 millions, à partir duquel cessera la compétence du préfet, devra résulter des *recettes ordinaires* constatées pendant les trois derniers exercices. (Circ. int., 3 août 1867.)

Dans le cas prévu par l'article 15 précité, les préfets devront également adresser au ministre de l'intérieur, avec toutes les pièces justificatives, les demandes de crédits supplémentaires, ainsi que les chapitres additionnels et les comptes administratifs. Le ministre les approuvera, s'il y a lieu, en vertu des dispositions des articles 34 et 60 de la loi du 18 juillet 1837, que l'article 15 de la loi du 24 juillet 1867 rend implicitement applicables aux communes ayant 3 millions de revenu. (Circ. précitée.)

Sauf les dispositions exceptionnelles concernant les villes qui ont plus de 3 millions de revenu, la loi nouvelle ne contient aucun article relatif à l'approbation des budgets communaux. Mais les articles 3 et 5 de la loi du 24 juillet 1867 entraînent, par voie de conséquence, une innovation qui a été signalée par la circulaire du 3 août de la même année.

Il appartient aux préfets, en vertu du décret du 25 mars 1852, d'approuver les budgets des communes, à moins qu'ils ne contiennent une imposition extraordinaire sur laquelle l'autorité compétente n'a pas encore statué.

Cette dernière restriction a pour objet, comme l'expliquait la circulaire du 5 mai 1852, de garantir que les préfets n'engageront pas, à l'avance, la décision du gouvernement, en ce qui concerne une imposition extraordinaire. Il suit de là qu'il n'existe désormais aucune raison pour soumettre à l'approbation du gouvernement les budgets communaux où se trouve formulée la demande d'une imposition extraordinaire, si cette imposition est susceptible d'être votée directement par le conseil municipal, ou si le droit de l'approuver rentre dans la compétence préfectorale. Dans l'un et l'autre cas, l'approbation du budget appartient au préfet.

On sait que le budget primitif des communes est divisé en deux titres principaux, savoir : Titre Ier, *Recettes ;* titre II, *Dépenses.* Chacun de ces titres est subdivisé en *chapitres.* Pour le titre des recettes, chapitre 1er, *Recettes ordinaires;* chapitre 2, *Recettes extraordinaires.* Pour le titre des dépenses, chapitre 1ᵉʳ, *Dépenses ordinaires;* chapitre **2**, *Dépenses extraordinaires.*

Nous donnons ci-après une nomenclature aussi détaillée que possible des recettes et des dépenses communales.

Les recettes des communes sont *ordinaires* ou *extraordinaires.*

Les recettes *ordinaires* des communes se composent :

1° Des revenus de tous les biens dont les habitants n'ont pas la jouissance en nature. (Loi du 18 juillet 1837; décret du 31 mai 1862.)

2° Des cotisations imposées annuellement sur les ayants droit aux fruits qui se perçoivent en nature. (*Idem.*)

3° Du produit des centimes ordinaires affectés aux communes par les lois de finances. (Lois des 11 frimaire an VII, 15 mai 1818, 18 juillet 1837; décret du 31 mai 1862; loi annuelle des finances[1].)

4° De la part accordée aux communes dans l'impôt des patentes. (Loi du 25 avril 1844, art. 32; loi du 18 juillet 1837; décret du 31 mai 1862; loi annuelle des finances.)

5° De la part revenant aux communes dans les droits

---

[1] Ces centimes sont les suivants :

1° Cinq centimes additionnels au principal de la contribution foncière et de la contribution personnelle et mobilière. (Loi du 11 frimaire an VII ; loi du 15 mai 1818; loi annuelle de finances.)

2° Trois centimes additionnels spéciaux au principal des quatre contributions directes, pour le *service de l'instruction primaire.* (Loi du 15 mars 1850; loi annuelle de finances.)

3° Cinq centimes spéciaux pour les *dépenses des chemins vicinaux.* (Loi du 21 mai 1836; loi annuelle de finances.)

de permis de chasse. (Décret du 25 prairial an XIII; décret du 31 mai 1862.)

6° Du produit des octrois municipaux. (Arrêtés des 13 thermidor an VIII et 29 germinal an XII; décrets des 17 mai 1809 et 29 juin 1811; ordonnances des 9 décembre 1814, 28 avril 1816 et 5 juin 1818; lois des 12 décembre 1830, 21 avril 1831, 18 juillet 1837, 11 juin 1842, 10 mai et 5 juillet 1846; décret du 17 mars 1852; loi du 22 juin 1854; décret du 31 mai 1862; loi du 24 juillet 1867; loi annuelle des finances.)

7° Du produit des droits de place perçus dans les halles, foires, marchés, abattoirs, d'après les tarifs dûment autorisés. (Loi du 18 juillet 1837; décret du 31 mai 1862; loi annuelle des finances.)

8° Du produit des permis de stationnement et des locations sur la voie publique, sur les ports et rivières[1] et autres lieux publics. (Lois des 11 frimaire an VII et 18 juillet 1837; décret du 31 mai 1862; loi annuelle des finances.)

9° Du produit des péages communaux. (Lois de floréal

4° Centimes spéciaux pour le payement du *salaire des gardes champêtres*. (Loi du 21 avril 1832.)

5° Centimes pour dépenses annuelles *obligatoires*. (Insuffisance de revenus; loi du 18 juillet 1837, art. 40.)

6° Centimes pour dépenses annuelles *facultatives*. (Insuffisance de revenus; loi du 18 juillet 1837, art. 40.)

7° Centimes pour frais de perception des impositions communales. (Loi du 20 juillet 1837, art. 5; loi annuelle de finances.) Voir *Impositions*.

[1] Produit des droits de pêche. (Loi du 15 avril 1829.)

an X, 27 mars 1817 et 18 juillet 1837; décret du 31 mai 1862), des droits de pesage, mesurage et jaugeage (arrêté du 7 brumaire an IX, loi du 28 floréal an X, loi du 18 juillet 1837; décret du 31 mai 1862; loi annuelle des finances); des droits de voirie (édit de novembre 1697; lois des 22 juillet 1791 et 21 avril 1832; décret du 27 octobre 1808; ordonnance du 24 décembre 1823; loi du 18 juillet 1837; décret du 31 mai 1862; loi annuelle des finances) et autres droits légalement établis.

10° Du prix des concessions de terrains dans les cimetières. (Décret du 23 prairial an XII, art. 10; ordonnance du 6 décembre 1843, art. 3; loi du 18 juillet 1837; décrets des 30 décembre 1809 et 31 mai 1862; loi annuelle des finances.)

11° Du prix des concessions d'eau, de l'enlèvement des boues et immondices de la voie publique, et autres concessions autorisées pour les services communaux. (Loi du 18 juillet 1837; décret du 31 mai 1862.)

12° Du produit des expéditions des actes administratifs (loi du 7 messidor an II, art. 57; avis du Conseil d'Etat du 4 août 1807; loi du 18 juillet 1837; décret du 31 mai 1862) et des actes de l'état civil. (Lois des 20 septembre et 19 décembre 1792, 3 ventôse an III, 13 brumaire an VII, 10 décembre 1850, loi du 18 juillet 1837; décret du 31 mai 1862.)

13° De la portion que les lois accordent aux communes dans le produit des amendes prononcées par les tribunaux de simple police, par ceux de police correctionnelle et par les conseils de discipline de la garde nationale. (Décrets des 16 décembre 1811, art. 115, et 9 décembre 1814, art. 84; ordonnances des 17 juillet 1816 et 30 décembre 1823; lois des 17 avril 1832, 18 juillet 1837, 3 mai 1844, 27 mai et 13 juin 1851; décret du 31 mai 1862 [1].)

14° Des intérêts des fonds placés au Trésor. (Décret du 31 mai 1862.)

15° D'une portion des droits à percevoir dans les écoles préparatoires à l'enseignement des lettres et des sciences et dans les écoles préparatoires de médecine et de pharmacie. (Décret du 31 mai 1862.)

16° Du bénéfice résultant de l'administration des colléges. (*Idem.*)

17° Des ressources affectées au traitement de l'instituteur et de l'institutrice primaires. (*Idem.*)

18° Des indemnités pour enrôlements volontaires. (*Idem.*)

19° Du produit de la taxe municipale sur les chiens. (Loi du 2 mai 1855; décret du 4 août suivant; décret du 31 mai 1862; loi annuelle des finances.)

20° De l'évaluation en argent des prestations en nature. (Loi du 21 mai 1836.)

Et généralement du produit de toutes les taxes de ville

---

[1] La loi du 18 juillet 1837, art. 68, attribue également aux communes les amendes prononcées par les conseils de préfecture contre les receveurs qui n'ont pas présenté leurs comptes dans les délais prescrits.

et de police dont la perception est autorisée par la loi. (Loi du 18 juillet 1837; décret du 31 mai 1862[1].)

Les recettes *extraordinaires* des communes se composent :

1° Des contributions extraordinaires dûment autorisées. (Loi du 18 juillet 1837; décret du 31 mai 1862.) [2].

2° Du prix des biens aliénés. (*Idem.*)

3° Des dons et legs. (*Idem.*)

4° Du remboursement des capitaux exigibles et des rentes rachetées. (*Idem.*)

5° Du produit des coupes extraordinaires de bois [3].

---

[1] Taxe des frais de pavage des rues dans les villes où l'usage met ces frais à la charge des propriétaires riverains. (Dispositions combinées de la loi du 11 frimaire an VII, du décret de principe du 25 mars 1807, et de l'article 28 de la loi du 25 juin 1841; loi annuelle de finances.)

Taxes d'abatage. (Décret du 15 octobre 1810; ordonnances des 14 janvier 1815 et 15 avril 1838; décrets des 25 mars 1852 et 1er août 1864.)

Taxe d'établissement de trottoirs dans les rues ou places dont les plans d'alignement ont été arrêtés conformément aux dispositions de la loi du 7 juin 1845. (Loi annuelle de finances.)

[2] Impositions *extraordinaires proprement dites*. (Loi du 18 juillet 1837; décret du 31 mai 1862; loi annuelle de finances.)

Trois centimes extraordinaires pour les *chemins vicinaux ordinaires*. (Loi du 24 juillet 1867, art. 3.)

Quatre centimes extraordinaires pour le service de *l'instruction primaire*. (Loi du 10 avril 1867, art. 8; loi de finances du 31 juillet 1867.)

[3] Le produit des coupes *ordinaires* de bois doit figurer parmi les recettes ordinaires des communes.

6° Du produit des emprunts. (*Idem.*)

7° Du prix de vente des inscriptions de rentes sur l'Etat. (Décret du 31 mai 1862.)

8° Des secours accordés par l'Etat ou par les administrations locales pour réparations aux édifices communaux ou autres dépenses. (*Idem.*)

Et de toutes autres recettes accidentelles. (Loi du 18 juillet 1837; décret du 31 mai 1862.)

Enfin, il existe, dans les communes, des revenus extraordinaires propres à chaque localité et qu'on ne peut spécifier ici. Il suffit de faire observer que, quelle qu'en soit l'origine, le droit des communes à en percevoir le montant doit, comme pour tous les autres revenus, résulter du budget et de titres réguliers, admis par les délibérations des conseils municipaux et dûment approuvés. (Instruction générale des finances du 20 juin 1859, art. 840; décret du 31 mai 1862, art. 484.)

Les dépenses des communes sont *obligatoires* ou *facultatives.*

Sont *obligatoires* les dépenses suivantes :

1° L'entretien, s'il y a lieu, de l'hôtel de ville ou du local affecté à la mairie. (Loi du 18 juillet 1837; décret du 31 mai 1862.)

2° Les frais de bureau et d'impression pour le service de la commune. (Arrêté du 17 germinal an XI; loi du 18 juillet 1837; décret du 31 mai 1862.)

3° L'abonnement au *Bulletin des lois*, pour les chefs-lieux de canton, et au *Moniteur des communes*, pour celles qui ne sont pas chefs-lieux. (Arrêté du 29 prairial an VIII ; décrets du 23 mai 1811 ; loi du 18 juillet 1837; décrets des 12 février 1852 et 31 mai 1862.)

4° Les frais de recensement de la population. (Loi du 18 juillet 1837 ; décret du 31 mai 1862.)

5° Les frais des registres de l'état civil et la portion des tables décennales à la charge des communes. (Loi du 20 septembre 1792 ; arrêté du 23 vendémiaire an IX ; décret du 20 juillet 1807 ; loi du 18 juillet 1837 ; décret du 31 mai 1862.)

6° Le traitement du receveur municipal, du préposé en chef de l'octroi et des frais de perception. (Décrets des 30 frimaire an XIII et 24 août 1812 ; loi du 18 juillet 1837 ; ordonnances des 17 avril et 23 mai 1839 ; décret du 31 mai 1862.)

7° Le traitement des gardes des bois des communes et des gardes champêtres. (Lois des 6 octobre 1791, 20 messidor an III et 18 juillet 1837 ; décret du 31 mai 1862 ; loi du 24 juillet 1867.)

8° Le traitement et les frais de bureau des commissaires de police, tels qu'ils sont déterminés par les lois et décrets. (Arrêté du 23 fructidor an IX ; décrets des 9 germinal an XI et 22 mars 1813 ; loi du 18 juillet 1837 ; décrets des 28 mars 1852, 27 février 1855 et 31 mai 1862.)

9° Les pensions des employés municipaux et des commissaires de police régulièrement liquidées et approuvées. (Loi du 18 juillet 1837 ; décret du 31 mai 1862.)

10° Les frais de loyer et de réparation du local de la justice de paix, ainsi que ceux d'achat et d'entretien de son mobilier, dans les communes chefs-lieux de canton. (Loi du 18 juillet 1837 ; décret du 31 mai 1862.)

11° Les dépenses de la garde nationale, telles qu'elles sont déterminées par les lois. (Lois des 22 mars 1831 et 18 juillet 1837 ; décrets des 11 janvier 1852 et 31 mai 1862.)

12° Les dépenses relatives à l'instruction publique, conformément aux lois. (Lois des 28 juin 1833, 18 juillet 1837 et 15 mars 1850 ; décret du 31 mai 1862. — Voir la loi du 24 juillet 1867.)

13° Les dépenses relatives aux chemins vicinaux. (Loi du 21 mai 1836. — Voir la loi du 24 juillet 1867.)

14° Les frais de casernement. (Loi du 15 mai 1818 ; ordonnance du 5 août 1818.)

15° L'indemnité de logement aux curés, desservants, et autres ministres du culte salariés par l'État, lorsqu'il n'existe pas de bâtiment affecté à leur logement. (Décrets des 5 mai 1806, 30 décembre 1809, 19 mai 1811 ; loi du 18 juillet 1837 ; décret du 31 mai 1862.)

16° Les secours aux fabriques et autres administrations préposées aux cultes dont les ministres sont salariés par l'Etat, en cas d'insuffisance de leurs revenus, justifiée par les comptes et budgets appuyés de pièces. (*Idem.*)

17° Le contingent assigné à la commune, conformément aux lois, dans la dépense des enfants assistés et des aliénés. (Décret du 11 janvier 1811 ; lois des 17 juillet 1819, 18 juillet 1837, 30 juin et 10 mai 1838 ; décret du 31 mai 1862.)

18° Les grosses réparations aux édifices communaux,

sauf l'exécution des lois spéciales concernant les bâtiments militaires et les édifices consacrés au culte. (Loi du 18 juillet 1837 ; décret du 31 mai 1862.)

19° La clôture des cimetières, leur entretien et leur translation dans les cas déterminés par les lois et règlements d'administration publique. (Décret du 23 prairial an XII ; loi du 18 juillet 1837 ; ordonnance du 6 décembre 1843 ; décret du 31 mai 1862.)

20° Les frais des plans d'alignement. (Loi du 18 juillet 1837 ; décret du 31 mai 1862.)

21° Les frais et dépenses des conseils de prud'hommes, pour les communes où ils siégent ; les menus frais des chambres consultatives des arts et manufactures, pour les communes où elles existent, ainsi que des sociétés de secours mutuels. (Décret du 23 septembre 1807 ; ordonnance du 21 décembre 1815 ; arrêté du 10 thermidor an XI ; décret du 11 juin 1809 ; loi du 18 juillet 1837 ; décrets des 26 mars 1852 et 31 mai 1862.)

22° Les contributions et prélèvements établis par les lois sur les biens et revenus communaux. (Lois des 26 germinal an XI, 18 juillet 1837 et 20 février 1849 ; décret du 31 mai 1862.)

23° Les secours et pensions accordés aux sapeurs-pompiers, à leurs veuves et à leurs orphelins. (Loi du 5 avril 1851 ; décret du 31 mai 1862.)

24° La part contributive de la commune dans les travaux de défense contre les inondations. (Loi du 5 juin 1858 ; décret du 31 mai 1862.)

25° Les frais de tenue des assemblées électorales, pour l'élection des membres du Corps législatif, des conseils généraux, des conseils d'arrondissement, des conseils municipaux, des tribunaux de commerce, etc. (Loi du 7 août 1850; décret du 31 mai 1862.)

26° Les dépenses relatives à la mise en valeur des marais et des terres incultes appartenant aux communes. (Loi du 28 juillet 1860.)

27° Les frais de logement des présidents des cours d'assises. (Décret du 27 février 1811.)

28° Les frais des chambres ou dépôts de sûreté. (Loi du 28 germinal an VI ; avis du Conseil d'Etat du 28 janvier 1824.)

29° Les frais de route des indigents envoyés aux eaux thermales. (Décret du 29 floréal an VII.)

30° Les dépenses du matériel des commissions de statistique, pour les chefs-lieux de canton. (Décret du 1er juillet 1852.)

31° Les frais de visite des fours et cheminées. (Loi du 28 septembre 1791, titre II, art. 9.)

32° L'acquittement des dettes exigibles. (Loi du 18 juillet 1837.)

Et généralement toutes les autres dépenses mises à la charge des communes par une disposition législative. Toutes dépenses autres que les précédentes sont *facultatives*[1]. (Décret du 31 mai 1862, art. 486.—Voir le rapport

[1] Nous rappelons qu'une dépense *facultative* en principe devient

présenté à l'Empereur, en 1865, sur la situation financière des communes de l'empire.)

Aux termes de l'article 2 de la loi du 24 juillet 1867, lorsque le budget pourvoit à toutes les dépenses obligatoires et qu'il n'applique aucune recette extraordinaire aux dépenses, soit obligatoires, soit facultatives, les allocations portées audit budget par le conseil municipal, pour des dépenses facultatives, ne peuvent être ni changées, ni modifiées par l'arrêté du préfet ou par le décret impérial qui règle le budget.

Cet article déroge aux dispositions de l'article 36 de la loi du 18 juillet 1837, d'après laquelle les dépenses pouvaient être rejetées ou réduites par l'autorité qui règle le budget.

Pour profiter du bénéfice de la nouvelle loi, les communes ne devront faire figurer en recettes *ordinaires* que celles qui sont énoncées dans l'article 31 de la loi de 1837 et dans le décret du 31 mai 1862, et on ne saurait considérer comme faisant partie des ressources communales ordinaires les centimes extraordinaires et spéciaux créés par la loi du 10 avril 1867 pour la gratuité de l'enseignement et par l'article 3 de la loi du 24 juillet 1867 pour les chemins vicinaux ordinaires.

obligatoire lorsqu'elle résulte d'un engagement ou d'un contrat synallagmatique entre la commune et des particuliers.

BUREAUX DE BIENFAISANCE.

(Voir tome I, p. 199.)

Aux termes de l'article 14 de la loi du 24 juillet 1867, il appartient désormais aux préfets d'autoriser l'établissement des bureaux de bienfaisance, après avoir pris l'avis des conseils municipaux. En conférant cette attribution à l'autorité préfectorale, le législateur s'est proposé d'encourager la distribution des secours à domicile que facilite la création de ces modestes mais excellentes institutions. (Circ. int., 3 août 1867.)

Dans l'intérêt même de ces établissements et pour assurer leur stabilité [1], les préfets devront, avant de prendre

[1] Il est de jurisprudence que les établissements de bienfaisance, une fois établis, ne peuvent être supprimés et doivent, au contraire, être maintenus, dans l'intérêt des libéralités dont les pauvres sont déjà en possession et de celles qui peuvent être faites dans l'avenir.

Le Conseil des Inspecteurs généraux des établissements de bienfaisance, saisi de l'examen de la question de savoir si un bureau de bienfaisance pouvait être converti en hospice, a émis, en 1865, un avis ainsi conçu :

« Considérant que la loi a établi deux modes d'assistance : l'assistance dans les hôpitaux et l'assistance à domicile par les bureaux de bienfaisance ; que ces deux modes d'assistance sont tout à fait distincts et ne se suppléent pas ;

Considérant que les secours à domicile n'offrent pas moins d'utilité que les secours administrés dans les hospices ;

Considérant que loin de songer à supprimer les secours à domicile, il y a, au contraire, une tendance marquée à développer ce mode

une décision, exiger qu'ils soient pourvus d'une dotation d'au moins *cinquante* francs, soit en revenus d'immeubles, soit en rentes sur l'Etat, sans compter les subventions qui peuvent être accordées par les conseils municipaux et les recettes légalement attribuées aux pauvres, tels que le tiers du produit des concessions de terrains dans les cimetières et le droit établi en faveur des indigents à l'entrée des spectacles, bals et concerts. (Circ. préc.)

Si des dons et legs de capitaux ou des remboursements sont faits aux bureaux de bienfaisance, ils devront être employés en achat de rentes 3 pour 100 sur l'Etat, à moins de vœux contraires formellement exprimés par les bienfaiteurs.

d'assistance et à lui donner la préférence sur les secours donnés dans les hôpitaux et hospices ;

Qu'en effet, la loi du 7 août 1851 a autorisé les hospices à convertir le cinquième de leurs revenus en secours à domicile annuels en faveur des vieillards ou infirmes placés dans leurs familles ;

Que la jurisprudence du Conseil d'État a consacré en principe que l'on ne pouvait accueillir une proposition de supprimer un bureau, déclarant qu'il est de bonne administration de conserver les établissements existants qui n'auraient pas actuellement des ressources suffisantes, parce qu'ils peuvent les acquérir plus tard ;

Considérant que la jurisprudence du ministère de l'intérieur s'oppose également à la réunion d'un bureau de bienfaisance à l'hospice de la commune, par ce motif que le bureau de bienfaisance a des ressources propres et qu'il peut et doit continuer à les affecter à la distribution de secours à domicile. (Décision du 3 novembre 1837.)

Par tous ces motifs, est d'avis qu'il n'y a pas lieu d'autoriser la suppression d'un bureau de bienfaisance et sa conversion en hospice. »

2.

En ce qui concerne la composition des commissions administratives, il convient de se reporter au décret du 25 mars 1852, qui a été rendu applicable aux bureaux de bienfaisance par le décret du 17 juin suivant.

La loi du 24 juillet 1867 n'apporte aucun changement à la jurisprudence sur les affaires connexes, telle qu'elle résulte de l'avis du Conseil d'Etat du 27 décembre 1855.

En conséquence, toutes les fois que la création d'un bureau de bienfaisance sera liée à l'autorisation d'une libéralité entre-vifs ou testamentaire sur laquelle il appartiendrait au gouvernement de se prononcer, les préfets devront joindre au dossier les pièces relatives à la création de l'établissement, de manière à ce qu'un seul et même décret puisse statuer sur l'ensemble de l'affaire. (Circ. préc.)

Il est de principe que les revenus des bureaux de bienfaisance doivent servir à distribuer des secours à domicile, ou à faire soigner, au sein de leurs familles, les indigents malades ou infirmes qui, sans ce secours, seraient obligés de demander leur admission dans un hôpital. Aussi un bureau ne pourrait-il, à moins de fondation expresse, appliquer ses ressources à la création de lits dans un hospice ou à l'établissement d'écoles, de salles d'asile, etc.

Enfin, il importe de veiller à ce que les secours destinés aux pauvres leur soient distribués, sans distinction de culte ou de catégories, et d'exiger, chaque année, indépendamment du compte administratif, la production du compte moral prescrit par l'instruction du 8 février 1823 et la circulaire du 10 mars 1866. (Circ. préc.)

Droit des pauvres sur les produits des spectacles, bals, concerts, etc. — La loi du 7 frimaire an V a établi au profit des pauvres un impôt d'un *décime* par franc, en sus du prix des billets d'entrée dans les *spectacles, bals et concerts payants*. La loi du 8 thermidor suivant porta ce droit au *quart* de la recette brute pour les *bals* et *concerts*, tout en maintenant le droit du dixième pour les *spectacles*. Cette distinction en deux classes a subsisté, mais la loi des finances de 1840 a fait rentrer dans la première les *concerts quotidiens*, par assimilation avec les spectacles, et n'a laissé dans la classe des *bals* que les *concerts non quotidiens*. Ces diverses dispositions sont confirmées, chaque année, par la loi des finances, qui autorise, en rappelant les deux lois de l'an V, la perception du *dixième des billets d'entrée dans les spectacles et les concerts quotidiens et du quart de la recette brute dans les lieux de réunion et de fête où l'on est admis en payant*.

La perception du droit des pauvres est assimilée à celle des contributions publiques. (Loi du 25 mars 1817, art. 85.) Les contestations sont jugées par le préfet en conseil de préfecture. (Arrêté du 10 thermidor an XI.)

C'est aux préfets qu'il appartient de régler le partage du droit des pauvres entre les hospices et les bureaux de bienfaisance, en raison des besoins présumés de chaque établissement. (Loi du 7 fructidor an VIII; déc. min., 7 janvier 1855.)

L'application de cette législation présente une difficulté à l'égard des établissements appelés *cafés-concerts*, où l'on entre sans payer, mais sous la condition d'user des objets de consommation qui s'y débitent.

Il a été décidé par le Conseil d'Etat (arrêt du 9 décembre 1852, *Manon*) què les cafés-concerts sont assujettis au droit établi en faveur des pauvres par les lois des 7 frimaire et 8 thermidor an V et les lois annuelles des finances. Mais ce droit doit-il être du dixième ou du quart, sur quelle partie de la recette doit-il être prélevé, et de quelle manière doit s'opérer cette perception ? L'assiette de ce droit peut donner lieu, dans la pratique, à de véritables difficultés. Il convient, en général, de prélever le droit des pauvres, s'il en existe un, et s'il n'est pas démontré que le prix d'entrée a été établi de façon à frustrer les établissements de bienfaisance. Dans le cas où il n'est pas perçu de prix d'entrée, il convient de régler le droit des pauvres par voie d'abonnement, conformément à l'article 6 de la loi du 7 frimaire an V.

Voici comment le droit des pauvres est perçu à Paris : Assimilés à des débits de boissons, les *cafés* sont obligés de demander une autorisation pour devenir *concerts*, et c'est dans cette autorisation que se trouve, pour les exploitants, l'obligation de se soumettre au payement de l'impôt des pauvres. Cette obligation est ainsi conçue : « Acquitter le droit des indigents au moyen d'un abonnement consenti par le receveur de ce droit et approuvé par M. le préfet de la Seine. » Cette disposition a dû être reproduite dans la plupart des autorisations données dans les départements.

Pour opérer la perception de ce droit, des agents sont

chargés de rechercher, par tous les moyens possibles, quel peut être le montant de la recette brute journalière. De cette recette, on déduit le quart, qui constitue le prix des objets de consommation, et sur les trois quarts restants on établit le droit des indigents, pour la perception duquel on traite de gré à gré.

A défaut d'abonnement réglé à l'amiable, le recouvrement devrait être poursuivi dans la forme des contributions directes.

Il arrive quelquefois que, par suite d'une fausse application des dispositions de l'article 1066 de l'instruction générale du 20 juin 1859, les agents des administrations locales encaissent les droits à percevoir au profit des pauvres, sur les recettes des spectacles, bals, concerts, etc., et en conservent le montant entre leurs mains pendant un temps plus ou moins long, avant d'en effectuer le versement dans la caisse des établissements intéressés.

M. le ministre des finances a fait observer que cette manière de procéder pourrait devenir une source d'abus, et que l'article 1066 précité, tout en autorisant les administrations locales à prendre les mesures qu'elles croient convenables pour assurer le recouvrement des droits dont il s'agit, prescrit aux receveurs d'opérer ce recouvrement *sous leur responsabilité* et à mesure des recettes effectuées, si la régie simple a été adoptée. Les agents des administrations locales, en s'abstenant de faire le versement immédiat des produits recouvrés, procèdent donc contrairement aux prescriptions réglementaires.

Droit des pauvres sur le produit des concessions de terrains dans les cimetières. — Aucune concession de terrain dans les cimetières ne peut avoir lieu qu'au moyen du versement d'une somme, dont les *deux tiers* au profit de la commune et un tiers au profit des pauvres ou des établissements de bienfaisance. (Décret du 23 prairial an XII, art. 11; ordonnance du 6 décembre 1843, art. 3.)

Les bureaux de bienfaisance et les hospices sont seuls appelés à recueillir le bénéfice dont il s'agit, et on ne saurait y faire participer d'autres établissements de bienfaisance.

Le dernier tiers du produit des concessions peut être affecté exclusivement, soit aux pauvres, soit aux hospices, ou réparti entre le bureau de bienfaisance et l'hospice, par portions égales ou inégales. Le droit de faire cette attribution appartient, sauf approbation du préfet, au conseil municipal, qui est chargé de proposer les tarifs des concessions. (Instr. min., 27 janvier 1862.)

Aux termes du décret du 23 prairial an XII et de l'ordonnance du 6 décembre 1843, les pauvres ont le droit de recevoir, quel que soit le tarif, le tiers du prix de toutes les concessions, soit perpétuelles, soit temporaires, faites dans les cimetières, et il est de jurisprudence que les règlements antérieurs à cette ordonnance ne peuvent faire aucun obstacle à l'exercice du droit des pauvres.

Un préfet a consulté le ministre de l'intérieur sur la question de savoir si un bureau de bienfaisance devait placer en rentes sur l'Etat ou employer à ses dépenses ordinaires le produit du tiers des concessions de terrains dans les cimetières. La circulaire du 9 décembre 1843 résout cette question. Elle prescrit, en effet, le placement en rentes sur l'Etat des sommes versées volontairement par les concessionnaires dans la caisse des établissements *au delà* du tiers fixé par le tarif. Il résulte de cette disposition que ce tiers, qui est le produit ordinaire des concessions, doit être affecté aux dépenses ordinaires du bureau de bienfaisance et non pas capitalisé.

Quêtes. — Les bureaux de bienfaisance ont le droit de quêter dans les églises, non-seulement à la messe paroissiale, mais à toutes les autres cérémonies, telles que les vêpres, les sermons, les mariages, les enterrements, etc.

Ce droit est fondé : 1° sûr l'article 1ᵉʳ d'un arrêté du 5 prairial an XI, portant que « les administrateurs des bureaux de bienfaisance, organisés dans chaque arrondissement, sont autorisés à faire quêter dans tous les temples consacrés à l'exercice des cérémonies religieuses ; » 2° sur le décret du 12 septembre 1806, qui autorise lesdits administrateurs à faire *par eux-mêmes* des quêtes dans toutes les églises et à y placer un tronc ; 3° sur l'article 75 du décret du 30 décembre 1809, disposant que tout ce qui concerne les quêtes dans les églises (pour l'entretien du culte) sera réglé par l'évêque, sur le rapport des marguilliers, sans préjudice des quêtes pour les pauvres, lesquelles devront toujours avoir lieu dans les églises, *toutes les fois que les bureaux de bienfaisance le jugeront convenable.*

D'après ces dispositions, les bureaux de bienfaisance peuvent faire des quêtes à tous les offices indistinctement. Toutefois, en vertu du droit de direction et de police que l'article 9 de la loi du 18 germinal an X et la décision du gouvernement du 21 pluviôse an XIII attribuent à l'autorité ecclésiastique, il lui appartient, en cette matière, de déterminer *l'ordre* dans lequel s'exercent à chaque office les différentes quêtes, et de statuer qu'elles ne pourront avoir lieu à tel ou tel moment des cérémonies religieuses. Mais les administrateurs doivent quêter *par eux-mêmes.* S'ils veulent se faire remplacer, leur choix doit être agréé préalablement par les curés ou desservants. (Lettre du min. des cultes, 27 juin 1866.)

Cautionnements. — Voir *Receveurs.*

CHEMINS VICINAUX.

(Voir tome I, p. 205.)

D'après l'article 3, § 2, de la loi du 24 juillet 1867, les conseils municipaux peuvent voter, indépendamment des 5 centimes spéciaux autorisés par la loi du 21 mai 1836, 3 centimes extraordinaires *exclusivement* affectés aux chemins vicinaux ordinaires.

Ces 3 centimes, dont l'affectation légale ne saurait être modifiée, serviront à améliorer une catégorie de chemins très-intéressante pour les populations rurales, et qui, trop souvent, est dépourvue de toute dotation, par suite de l'emploi des ressources spéciales créées en vertu de la loi du 21 mai 1836 à l'entretien ou à l'achèvement des chemins de grande communication et d'intérêt commun. Mais, à la différence de ces ressources, les 3 nouveaux centimes n'ont qu'un caractère facultatif, et le préfet ne pourrait, en aucun cas, les imposer d'office aux communes, si les conseils municipaux se refusaient à les voter. (Circ., 3 août 1867.)

Les 3 centimes dont le vote est autorisé par l'article 3 de la loi de 1867 figurent au nombre des ressources communales extraordinaires, et doivent, à ce titre, être votés suivant les formes prescrites par l'article 42 de la loi du 18 juillet 1837, c'est-à-dire par les plus imposés réunis au conseil municipal [1]. (Circ. précitée.) — Voir *Impositions*. Voir aussi, à la fin du volume, la circulaire du 22 septembre 1868.

[1] En exécution du décret du 17 août 1867, rendu pour l'achèvement des chemins vicinaux ordinaires, les conseils municipaux ont été appelés à classer leurs chemins en trois catégories : ceux dont l'achèvement a un caractère d'urgence; ceux qui, sans présenter un degré d'urgence, sont cependant d'une utilité reconnue et ceux dont l'exécution peut être ajournée sans préjudice sérieux pour la commune. (Décret, 17 août 1867, art. 1er.)

Une commission du conseil général a donné son avis sur l'évaluation de la dépense à faire pour l'exécution des chemins classés dans chacune des deux premières catégories, sur le délai dans lequel il convient d'exécuter ces chemins, et sur les ressources et contributions spéciales qui pourront être affectées à l'achèvement du réseau vicinal ordinaire, et notamment sur les combinaisons qui ten-

CHEMINS DE FER D'INTÉRÊT LOCAL.

Les chemins de fer d'intérêt local peuvent être établis : 1° par les départements ou les communes, avec ou sans le concours des parties intéressées ; 2° par des concessionnaires, avec le concours des départements ou des communes. (Loi du 12 juillet 1865, art. 1er.)

Les ressources créées en vertu de la loi du 21 mai 1836 peuvent être affectées en partie, par les communes et les départements, à la dépense des chemins de fer d'intérêt local. L'article 13 de ladite loi est applicable aux centimes extraordinaires que les communes et les départements s'imposeront pour l'exécution de ces chemins. (Loi précitée, art. 3.)

Des subventions peuvent être accordées sur les fonds du Trésor, pour l'exécution des chemins de fer d'intérêt local. Le montant de ces subventions pourra s'élever jusqu'au tiers de la dépense que le traité d'exploitation à in-

draient à appliquer aux chemins vicinaux ordinaires ou d'intérêt commun une notable portion des prestations et des centimes centralisés actuellement employés au profit des chemins de grande communication. (Décret préc., art. 4.)

Enfin, une loi, votée par le Corps Législatif pendant sa session de 1868, a autorisé le gouvernement à accorder aux communes une subvention de 100 millions, payables en dix annuités à partir de 1869, pour faciliter l'achèvement des chemins vicinaux ordinaires, dont la longueur kilométrique aura été approuvée, pour chaque département, par un arrêté du ministre de l'intérieur, avant la répartition de la première annuité. (Voir cette loi à la fin du volume.)

tervenir laissera à la charge des départements, des communes et des intéressés. Il pourra être fixé à moitié pour les départements dans lesquels le produit du centime additionnel au principal des quatre contributions directes est inférieur à 20,000 francs, et ne dépassera pas le quart pour ceux dans lesquels ce produit sera supérieur à 40,000 francs. (Loi préc., art. 4.)

Les départements peuvent construire les chemins de fer d'intérêt local, soit par eux-mêmes, ainsi que cela s'est pratiqué dans les départements du Haut et du Bas-Rhin, puis livrer ces chemins à une compagnie qui, après les avoir complétés, en assure l'exploitation. Ils peuvent encore, si cette combinaison leur paraît plus avantageuse, confier à une compagnie le soin d'exécuter tous les travaux, en lui remettant, à titre de subvention, les ressources créées en vue de l'établissement du chemin. Mais le caractère essentiel des chemins de fer d'intérêt local réside dans le fait, soit de l'initiative, soit du concours des départements et des communes. C'est à cette condition qu'ils sont appelés à jouir du bénéfice de la loi. (Circ. du min. de l'agriculture, du commerce et des travaux publics, 12 août 1865.)

Quant à la destination de ces chemins de fer, la dénomination même qui leur a été donnée indique suffisamment le rôle spécial que la loi a entendu leur assigner. Ces chemins doivent avoir pour objet de relier les localités secondaires entre elles ou avec les grandes lignes actuellement décrétées, en suivant, soit une vallée, soit un plateau, mais en évitant de traverser les grandes vallées ou les faîtes des montagnes, points sur lesquels se trouvent généralement accumulés les ouvrages les plus dispendieux. Ce n'est qu'en se renfermant dans ces limites qu'il sera possible de réaliser, dans la construction de ces nouvelles voies, les conditions d'économie qui seules permettront aux départements d'en supporter les charges, et que l'on ne verra pas se substituer à des chemins d'un intérêt réellement local, des voies ferrées qui, au lieu de former les affluents d'une grande ligne, viendraient détruire l'équilibre des réseaux créés par l'Etat. (Circ. préc.)

L'article 5 de la loi permet d'appliquer à l'exécution des chemins de fer d'intérêt local une partie des ressources créées en vertu de la loi du 21 mai 1836 pour les besoins du service vicinal. Mais ce n'est là qu'une simple faculté ; les conseils municipaux, d'une part, et le conseil général, de l'autre, restent entièrement juges de la question de savoir si les circonstances leur permettent d'user de cette faculté et dans quelle mesure ils peuvent le faire. Il est évident qu'ils ne doivent consacrer à l'exécution des chemins de fer que l'excédant de ressources laissé disponible par l'état d'avancement de la vicinalité, et il serait très-regrettable que le service des chemins vicinaux vînt à être entravé par le changement de destination des fonds qui leur seraient nécessaires. (Circ. préc.)

Les communes ne sauraient être imposées d'office pour l'établissement des chemins de fer d'intérêt local, ainsi que l'article 6 de la loi du 21 mai 1836 donne aux préfets le droit de le faire pour les chemins vicinaux d'intérêt commun. Le contingent des communes, comme celui des départements, doit être entièrement volontaire. (Circ. préc.)

CIMETIÈRES.

(Voir tome I, p. 216.)

Aux termes du sixième paragraphe de l'article 1er de la loi du 24 juillet 1867, les conseils municipaux régleront désormais, par leurs délibérations, les tarifs des concessions dans les cimetières. En cas de désaccord entre le maire et le conseil municipal, la délibération ne sera exécutoire qu'après approbation du préfet.

D'après les dispositions du décret du 23 prairial an XII et de l'ordonnance réglementaire du 6 décembre 1843, combinées avec l'article 30 de la loi du 18 juillet 1837, lorsque la translation d'un lieu de sépulture est devenu nécessaire, le préfet a le droit, non-seulement de la prescrire et de désigner l'emplacement du nouveau cimetière, mais encore d'autoriser d'office l'acquisition de ce nouvel emplacement, si le conseil municipal refuse de la voter. Dans le cas, toutefois, où celui-ci se prononcerait, en même temps, pour l'adoption d'un autre emplacement, réunissant les conditions légales de situation et d'étendue, l'autorité préfectorale n'aurait plus de motif pour recourir aux voies coercitives. (Déc. min.; Bullet. min. int., 1865, p. 135.)

Aux termes de l'article 15 du décret du 23 prairial

an XII, dans les communes où plusieurs cultes sont professés, chaque culte doit, en principe, avoir un cimetière particulier; et s'il n'existe qu'un seul lieu d'inhumation, celui-ci doit être partagé par des murs, haies ou fossés, en autant de parties qu'il y a de cultes différents, avec une entrée spéciale pour chacune d'elles. Il suit de là que les personnes qui, n'appartenant pas à la même religion sont inhumées dans le même cimetière, doivent être déposées dans des parties distinctes, et que, par conséquent, le *même caveau* ne saurait être affecté à la sépulture des membres d'une famille ayant professé, pendant leur vie, des cultes différents. La question a d'ailleurs été résolue en ce sens par un décret au contentieux du 17 juillet 1861. (Sieur Karatsch. — Bullet. min. int., 1867, p. 212.)

Il arrive quelquefois que des familles qui se sont fait délivrer des concessions de terrains temporaires ou trentenaires dans les cimetières communaux, pour l'établissement de sépultures particulières, demandent qu'elles soient converties en concessions perpétuelles.

Les administrations municipales seraient en droit de se refuser à la conversion des concessions à temps en concessions à perpétuité, ou de n'y consentir qu'à la condition du payement intégral du prix fixé pour les concessions perpétuelles. Toutefois, quand les cimetières sont assez vastes pour permettre de délivrer, sans inconvénient, toutes les concessions de cette catégorie que sollicitent les familles, il serait rigoureux de repousser les demandes de conversion et de ne pas défalquer du prix des concessions à perpétuité une somme égale à la valeur que représenteraient les valeurs primitives, à raison du temps restant encore à courir jusqu'à leur expiration. L'ordonnance du 6 décembre 1843 ne paraît pas s'opposer à cette espèce de compensation. Mais lorsqu'une concession temporaire ou trentenaire est entièrement expirée, la concession perpétuelle qui la remplacerait devrait toujours être payée intégralement.

Dans cette hypothèse, une réduction du prix constituerait un avantage purement gratuit et serait contraire, non-seulement à l'esprit et au texte de l'ordonnance précitée, mais encore à la règle générale qui interdit aux communes de faire des libéralités. (Déc. min.; Bullet. min. int., 1866, p. 40.)

Concessions de terrains. — Voir ci-dessus, p. 34.

COMMISSAIRES ET AGENTS DE POLICE.

(Voir tome II, p. 593.)

L'article 50 de la loi du 5 mai 1855 avait attribué aux préfets, dans les villes chefs-lieux de département où la population excède quarante mille âmes, les fonctions exercées à Paris par le préfet de police. Cet article a été abrogé par l'article 23 de la loi du 24 juillet 1867. Les préfets cessent donc d'être investis au chef-lieu de leur département des pouvoirs de police que la loi de 1855 leur avait exceptionnellement conférés, et désormais les attributions du maire de la ville chef-lieu ne différeront ni par leur objet ni par leur étendue de celles que les lois et règlements ont confiées aux maires des autres communes. Toutefois, dans les villes auxquelles s'applique l'article 23 de la loi de 1867, l'organisation du personnel chargé du service de la police est réglée, sur l'avis du conseil municipal, par un décret impérial, le Conseil d'Etat entendu.

Les inspecteurs de police, les brigadiers, sous-brigadiers et agents de police sont nommés par le préfet, sur la présentation du maire.

Si un conseil municipal n'allouait pas les fonds exigés pour la dépense, ou s'il n'allouait qu'une somme insuffisante, l'allocation nécessaire serait inscrite au budget par décret impérial, le Conseil d'Etat entendu. (Loi du 24 juillet 1867.)

La loi de 1867 ne contient aucune innovation en ce qui touche le mode de nomination des commissaires centraux et commissaires de police. Ces fonctionnaires continueront à être nommés par des décrets.

Le droit qui est conféré aux préfets par l'article 23 de la loi précitée ne concerne que la nomination des agents de police proprement dits. Les préfets n'auront donc pas à intervenir dans le choix des surveillants des halles et marchés, des gardiens de cimetières, jardins, monuments publics, etc. La nomination de ces agents appartient exclusivement au maire de la ville. (Circ. int., 3 nov. 1867.)

La loi du 5 mai 1855 avait réservé aux préfets les mesures de police qui concernent notamment la surveillance des places et lieux publics et des professions qui y sont exercées, l'inspection des ports et des marchés d'approvisionnement, les mesures générales de salubrité, la police des théâtres, la surveillance des maisons publiques, etc. Toutes ces fonctions rentrent désormais dans les attributions du maire du chef-lieu du département.

C'est à lui qu'il appartiendra de prendre, selon le besoin, soit les mesures spéciales et individuelles, soit les arrêtés réglementaires.

Toutefois, un droit de contrôle appartient au préfet, en vertu de l'article 11 de la loi du 18 juillet 1837, sur les actes de l'administration municipale portant règlement permanent, et, de plus, conformément au même article, tous les arrêtés du maire, sans distinction, peuvent être annulés par l'autorité préfectorale ; mais c'est là un pouvoir exceptionnel dont il conviendra de n'user qu'avec une grande réserve et en cas d'évidente nécessité. (Circ. int., 3 novembre 1867.)

Comptes de gestion. — Voir *Receveurs.*

CONSEILS MUNICIPAUX.

(Voir tome I, p. 259.)

Aux termes de l'article 18 de la loi du 24 juillet 1867, les conseils municipaux seront, à l'avenir, élus pour sept ans. Mais la circulaire du ministre de l'intérieur du 10 novembre 1867 explique que cette disposition ne s'appliquera pas encore aux conseils municipaux qui sont sortis des élections de 1865 et dont les fonctions prendront fin en 1870. C'est après les élections municipales qui auront lieu à cette époque que la disposition qui précède sera pour la première fois mise à exécution.

Dans le cas où une commune sera divisée en sections pour l'élection des conseillers municipaux, conformément à l'article 7 de la loi du 5 mai 1855, la réunion des électeurs ne pourra avoir lieu avant le dixième jour, à compter de l'arrêté du préfet. (Loi du 24 juillet 1867, art. 19.)

Nul ne peut être maire ou adjoint dans une commune et conseiller municipal dans une autre commune. (Loi préc., art. 21.)

La commission nommée en cas de dissolution d'un conseil municipal, conformément à l'article 13 de la loi du 5 mai 1855, peut être maintenue en fonctions pendant trois ans. (Loi préc., art. 22.)

Les articles 19, 21 et 22 de la loi nouvelle seront immédiatement appliqués dans toutes les communes où, pour l'une des causes prévues par la loi, il sera procédé soit à des élections partielles, soit au renouvellement du conseil municipal. (Circ., 10 nov. 1867.)

L'article 19 complète les dispositions de l'article 7 de la loi du 5 mai 1855, qui déjà conférait aux préfets la faculté de diviser les communes en sections électorales et de répartir, s'il y avait lieu, entre les sections, le nombre des conseillers municipaux à élire en tenant compte du nombre des électeurs inscrits. La loi nouvelle dispose que la réunion des électeurs ne pourra avoir lieu avant le dixième jour, à compter de l'arrêté du préfet.

La circulaire du 10 novembre 1867 recommande particulièrement que les arrêtés portant division des électeurs en sections soient publiés dix jours au moins avant la réunion des électeurs. Les maires doivent veiller avec le plus grand soin à l'accomplissement de cette formalité, l'inobservation des prescriptions de la loi pouvant entraîner la nullité des opérations électorales. Dans les communes où il y aura à faire application de l'article 7 de la loi de 1855, il sera d'ailleurs essentiel de maintenir une proportion rigoureuse entre le nombre des conseillers qui seront attribués à chaque section et le nombre des électeurs qui y seront compris. Toute dérogation à cette règle serait de nature à entraîner la nullité des élections, d'après la jurisprudence constante du Conseil d'Etat.

L'article 21 résout une question qui avait donné lieu à quelques hésitations lorsqu'elle s'était produite devant le Conseil d'Etat. Si, en effet, d'après l'article 9 de la loi du 5 mai 1855, la même personne ne peut faire partie de deux conseils municipaux, cet article n'a pas prévu le cas où celui qui est nommé membre d'un conseil municipal se trouve investi des fonctions de maire dans une autre commune. Désormais, ce cumul est interdit d'une manière formelle, et la loi consacre sur ce point la doctrine adoptée en dernier lieu par le Conseil d'Etat. Le maire ou l'adjoint d'une commune choisi en dehors du conseil municipal, qui serait nommé conseiller municipal dans une autre commune, devrait donc être mis en demeure d'opter. (Circ., 10 novembre 1867.)

Aux termes de l'article 13 de la loi du 5 mai 1855, les conseils municipaux peuvent être suspendus par le préfet ; la dissolution ne peut être prononcée que par l'Empereur. La suspension prononcée par le préfet sera de deux mois et pourra être prolongée par le ministre de l'intérieur jusqu'à une année ; à l'expiration de ce délai, si la dissolution n'a pas été prononcée par un décret, le conseil municipal reprend ses fonctions. En cas de suspension, le préfet nomme immédiatement une commission pour remplir les fonctions du conseil municipal dont la suspension a été prononcée. En cas de dissolution, la commission est nommée, soit par l'Empereur, soit par le préfet, suivant la distinction établie au § 1er de l'article 2 de la loi. Le nombre des membres de cette commission ne peut être inférieur à la moitié de celui des conseillers municipaux.

La loi du 24 juillet 1867 ne change rien à ces dispositions. Mais, sous le régime de la loi de 1855, les commissions instituées après la dissolution des conseils municipaux pouvaient être maintenues jusqu'au renouvellement quinquennal, c'est-à-dire pendant un délai de cinq ans. La prolongation de la durée des conseils municipaux appelait sur ce point une modification indispensable, car on ne pouvait admettre qu'une commune fût privée, pendant près de sept ans, de sa représentation normale.

Le législateur, confiant dans le bon esprit des populations, a jugé qu'un délai de trois ans serait suffisant pour donner aux passions locales le temps de se calmer, et c'est le terme extrême qu'il a fixé à la durée des pouvoirs des commissions municipales. (Circ. int., 10 nov. 1867.)

Ces modifications inspirées par une pensée libérale s'appliqueront aux communes dont le conseil municipal est actuellement dissous, lorsque trois années se seront écoulées depuis la nomination de la commission municipale. Les préfets feront procéder à de nouvelles élections lorsque ce terme sera arrivé, si les circonstances ne leur permettent pas de reconstituer plus tôt le conseil municipal. (Circ. préc.)

DONS ET LEGS.

(Voir tome I, p. 305.)

La *donation entre-vifs* est un acte par lequel le donateur se dépouille actuellement et irrévocablement de la chose donnée au profit du donataire qui l'accepte. (Code Nap., art. 894.)

C'est un contrat synallagmatique ou bilatéral qui n'est complétement formé que par le consentement des deux parties contractantes, c'est-à-dire du donateur et du donataire.

Toute donation faite à une commune ou à un établissement de bienfaisance, qui n'a pas été acceptée légalement du vivant du donateur, est nulle de plein droit. (Code Nap., art. 932.)

Tous les actes portant donation entre-vifs doivent être passés devant notaires, dans la forme ordinaire des contrats. (Code préc., art. 931.)

L'acceptation par le maire d'une donation doit toujours être notifiée au donateur. (Code préc., art. 932.)

Le *legs* est une donation faite par testament pour le temps où le testateur n'existera plus. Jusqu'à ce moment, il peut toujours être révoqué. (Voir Code Nap., art. 895.)

Un testament n'est pas un contrat, puisqu'il se fait par la seule volonté du testateur, sans le concours du légataire. C'est un acte révocable, qui n'est qu'un projet pendant la vie du testateur et qui ne devient définitif qu'après sa mort.

Les testaments peuvent être olographes, ou faits par acte public ou dans la forme mystique. (Code Nap., article 969.) Il n'y a que les testaments olographes qui n'exigent pas le ministère d'un notaire; ils doivent être écrits en entier, datés et signés de la main du testateur; ils ne sont assujettis à aucune autre formalité. (Code Nap., art. 970 [1].)

Autorisation du gouvernement. — Les communes et les établissements publics étant assimilés à des mineurs et

---

[1] Le testament *par acte public* est celui qui est reçu par deux notaires, en présence de deux témoins, ou par un notaire en présence de quatre témoins. (Code Nap., art. 971.)

Le testament *mystique* ou secret est celui qui est écrit par le testateur ou par une autre personne, si le testateur sait lire, et présenté

placés sous la haute tutelle du gouvernement, les dons et legs faits en leur faveur doivent être soumis à sa surveillance.

L'article 910 du Code Napoléon porte, en effet, que les dispositions faites au profit des hospices, des pauvres d'une commune ou d'établissements d'utilité publique n'ont leur effet qu'autant qu'elles sont autorisées par le gouvernement.

L'article 937 du même Code dispose également que les donations faites au profit d'hospices, des pauvres d'une commune ou d'établissements d'utilité publique seront acceptées par les administrateurs de ces communes ou établissements après y avoir été dûment autorisés.

Ces articles ne mentionnent que les hospices, les pauvres d'une commune et les établissements publics, mais la nécessité d'obtenir l'autorisation est également applicable aux communes. (Loi du 18 juillet 1837, art. 19.)

Il appartient au gouvernement, tout en respectant, autant que possible, la volonté des bienfaiteurs, de protéger les familles contre les entraînements excessifs, les dispositions exorbitantes et les préoccupations souvent bizarres de certains testateurs qui privent, sans motif sérieux, leurs héritiers, même les plus proches, de biens qui leur sont nécessaires et sur lesquels ils croyaient pouvoir légitimement

devant témoins à un notaire qui le clôt et le cachette, s'il ne l'a pas été par le testateur, et qui dresse un acte de suscription signé de lui, du testateur, s'il sait signer, et des témoins. (Voir Code Nap., art. 976.) — Ceux qui ne savent ou ne peuvent lire ne peuvent faire de dispositions dans la forme du testament mystique. (Art. 978.)

compter. Il lui appartient également d'examiner si les libéralités sont avantageuses aux communes et aux établissements ou si, au contraire, elles ne sont pas soumises à
des charges trop onéreuses. Enfin, le gouvernement doit,
dans l'intérêt de la société et de l'Etat, veiller à la libre
circulation des capitaux nécessaires à l'industrie et empêcher la concentration d'un trop grand nombre de biens
meubles et immeubles entre les mains d'établissements
fondés à perpétuité [1].

[1] Dans un rapport du 5 avril 1837, M. de Gasparin, alors ministre
de l'intérieur, n'accorde à l'intérêt des familles qu'une place se-
condaire parmi les considérations qui doivent déterminer l'autorisation du gouvernement ou son refus, et combat l'opinion de
ceux qui voudraient qu'il s'en préoccupât *avant tout.*

« Si le Code, dit-il, avait eu exclusivement en vue l'intérêt des
familles, on pourrait le taxer d'inconséquence. Comment admettre,
en effet, que dans le titre même où, en réglant la disposition des
biens par donations entre-vifs ou par testament, le législateur se
montrait si respectueux pour le droit du propriétaire qu'à part
quelques réserves en faveur des ascendants et descendants, il lui
attribuait la faculté la plus entière de donner ou de léguer sa fortune, il aurait considéré comme indispensable de charger le gouvernement de défendre les héritiers contre les actes de donations
faits en faveur des pauvres ; tandis que, d'un autre côté, il laissait
au donateur la possibilité de disposer, sans contrôle et suivant son
caprice, au profit d'étrangers qu'aucun lien n'attachait à lui, et
qui souvent même ne pouvaient expliquer honorablement les motifs de la libéralité ? Si l'intérêt des familles réclamait une protection particulière contre les actes qui pouvaient les dépouiller de
leur héritage, il la fallait plus générale ; il fallait donner au gouvernement le droit d'intervenir dans tous les actes de donation

Compétence. — Aux termes de l'article 1ᵉʳ, § 9, de la

entre-vifs ou testamentaires qui auraient pu blesser les légitimes espérances des héritiers sans fortune. La loi ne l'a pas fait, et elle a reconnu le droit absolu pour l'homme de disposer de ses biens, soit de son vivant, soit après lui ; et les réserves peu nombreuses qu'elle a stipulées, par des motifs qui s'expliquent aisément, sont resserrés dans des limites telles que l'exception est ici une manifeste confirmation du principe.

« Si donc l'on veut rechercher le véritable esprit de l'article 910, il est facile d'y reconnaître, avant tout, une mesure d'ordre public ; c'est l'application du principe général de haute tutelle administrative, principe fort ancien dans nos lois, qui interdit aux communautés d'habitants, comme à tous les établissements publics, d'acquérir et de posséder, à quelque titre que ce soit, sans l'autorisation du pouvoir central ; c'est spécialement une reproduction de la règle posée par l'édit de 1740, modifié, en ce qui concerne les hospices, par la déclaration de 1762, et qui défendait, dans un intérêt d'ordre public, aux établissements de mainmorte de recevoir des biens, s'ils n'y étaient autorisés par le roi.

« Telle me paraît être la considération dominante qui a dicté la disposition de l'article 910. Sans doute, il n'en faut pas conclure d'une manière absolue que l'administration doive complétement négliger l'intérêt des familles et repousser *à priori* toutes les réclamations qui pourraient être motivées par la position particulière des héritiers. Dans l'exercice de la puissance publique, il n'y a pas de principe absolu. Certes, l'administration doit entendre, provoquer même les réclamations des familles, si ce n'est précisément pour faire céder la volonté expresse du testateur devant l'intérêt des héritiers, du moins pour s'assurer, en s'entourant de tous les renseignements possibles, que cette volonté a bien été libre et éclairée. Si des faits ou seulement des indices de captation étaient dévoilés, ou s'il était démontré que le testateur ignorait la

loi du 24 juillet 1867, les conseils municipaux statuent, par

véritable position de sa famille ; s'il s'était abusé lui-même sur la
quotité de ses biens ;. en un mot, si l'on parvenait à établir, par
des présomptions graves, que les intentions écrites dans le testament ont pu être l'effet d'un mouvement peu réfléchi ou passionné,
dès lors le gouvernement pourrait, dans un intérêt de haute tutelle, user de l'attribution qui lui est conférée pour empêcher
l'établissement légataire de profiter des biens qu'il n'acquerrait
plus, pour ainsi dire, que par une espèce de fraude, et de s'enrichir par une criante injustice ; mais il y a loin de ce point de vue
au système arbitraire qui puise le principal motif de ses décisions
hors de la volonté du testateur, et dans la position plus ou moins
heureuse du légataire.

« En résumé, le motif de l'intervention de la puissance publique dans l'acceptation des donations de tous genres faites aux
communautés et établissements autorisés est l'intérêt public. Cette
attribution du gouvernement, par le seul fait qu'elle appartient
au gouvernement, ne vient pas du droit civil. L'intérêt privé, la
justice distributive, ne peuvent donc servir de règle dans l'exercice
d'une faculté dont l'origine est ailleurs.

« La nécessité de ne pas augmenter les biens de mainmorte, de
ne pas enrichir outre mesure certaines corporations, d'éviter aux
communautés ou établissements des legs ou donations onéreuses
ou contraires au but de leur institution, etc., telles sont les raisons qui semblent devoir, en première ligne, déterminer le gouvernement à répudier ou à réduire les libéralités qui leur sont
destinées. La bizarrerie ou la dureté du testament, la situation
intéressante des héritiers naturels et légaux ne peuvent être ad-
mises que comme des considérations, et ne sauraient être les
motifs uniques ni les motifs principaux de la décision de l'administration supérieure. Agir autrement, ce serait transporter le
principe du droit de grâce dans le droit civil. »

leurs délibérations, sur l'acceptation ou le refus de dons ou legs faits à la commune sans *charges, conditions* ni *affectation immobilière*, lorsque ces dons et legs ne donnent pas lieu à réclamation.

En cas de désaccord entre le maire et le conseil municipal, la délibération n'est exécutoire qu'après l'approbation du préfet.

La circulaire du 3 août 1867 recommande aux préfets de veiller à ce que les conseils municipaux s'assurent que les héritiers du testateur ont consenti à la délivrance des libéralités, ou que, du moins, ils ont été appelés à se prononcer par une mise en demeure régulière.

Si le legs ou la donation est faite avec charges, conditions ou affectation immobilière, il appartient au préfet de statuer, en vertu de l'article 5 du décret du 25 mars 1852, si d'ailleurs il n'y a pas réclamation des familles. S'il y a réclamation des héritiers, il ne peut être statué que par un décret rendu en Conseil d'Etat.

La disposition du décret du 25 mars 1852, qui a donné aux préfets le droit de statuer sur les dons et legs lorsqu'il n'y a pas de réclamation des familles, a été interprétée, après avis du Conseil d'Etat, par l'instruction ministérielle du 25 novembre suivant, en ce sens que les préfets cessent d'être compétents toutes les fois que le testament, outre le legs communal ou charitable, contient en faveur d'établissements publics, tels que les fabriques et les cures, d'autres libéralités dont l'autorisation dépend du gouvernement. L'ensemble des legs doit être, dans ce cas, l'objet d'un décret collectif. Mais comme les préfets ne connaissaient pas, en général, le texte entier des dispositions testamentaires, il leur arrivait souvent de prendre des décisions qui devaient être réformées plus tard, quand on apprenait que le même testateur avait laissé à d'autres établissements des legs soumis à l'approbation du gouvernement. (Circ. int., 18 août 1863.)

Il importait de remédier à ce fâcheux état de choses et de compléter l'ordonnance du 2 avril 1817, dont l'article 5 prescrit seulement aux notaires dépositaires de testaments d'aviser les établissements publics des libéralités qui les concernent. Aussi un décret en date du 30 juillet 1863 a-t-il prescrit à tout notaire dépositaire d'un testament contenant un ou plusieurs legs au profit des communes, des pauvres, des établissements publics ou d'utilité publique, des associations religieuses et des titulaires énumérés dans l'article 2 de l'ordonnance du 2 avril 1817, de transmettre au préfet du département, sans délai, après l'ouverture du testament, un état sommaire de l'ensemble des dispositions de cette nature insérées au testament.

La circulaire du 18 août 1863 explique que ce décret doit être interprété dans ce sens que les notaires, indépendamment de l'avis qu'ils sont déjà tenus de donner aux légataires, en exécution de l'ordonnance précitée, doivent adresser un état sommaire de l'ensemble des libéralités contenues dans le même acte à chacun des préfets des départements dans lesquels sont situés les établissements intéressés, afin que ces fonctionnaires puissent statuer en parfaite connaissance de cause de l'ensemble des dispositions du même testateur en faveur des établissements publics.

Dans le cas où plusieurs des legs nécessiteraient une décision souveraine, les préfets des départements les moins intéressés doivent transmettre le dossier de leur instruction à celui de leur collègue qui a la plus grande part dans les libéralités, afin que celui-ci puisse adresser toutes les pièces de l'affaire au ministre compétent.

La loi du 24 juillet 1867 ayant investi les conseils municipaux du pouvoir de statuer sur l'acceptation ou le refus des dons et legs faits aux communes, lorsque ces dons et legs sont exempts de charges, de conditions d'affectation immobilière et ne donnent lieu à aucune réclamation, M. le ministre de l'intérieur a consulté le Conseil d'État sur le point de savoir si la jurisprudence consacrée par l'avis de ce Conseil, en date du 27 décembre 1855, en matière de *libéralités connexes* ou simplement *collectives*, doit encore être appliquée sous l'empire de la loi du 24 juillet 1867.

Dans sa séance du 10 mars 1868, la section de l'intérieur a émis, sur cette question, un avis ainsi conçu :

« En ce qui touche les libéralités dites *connexes:*

« Considérant qu'il est constant que les libéralités connexes ne peuvent être scindées et soumises à deux autorités différentes ;

« Considérant, d'ailleurs, que la disposition d'où dérivent deux libéralités liées entre elles et subordonnées l'une à l'autre implique par sa nature même une charge ou une condition, d'où il suit que l'appréciation d'une semblable disposition demeure en dehors des cas prévus par l'article 1er, § 9, de la loi du 24 juillet 1867 ;

« Considérant que les pouvoirs nouveaux conférés aux conseils municipaux ne font point obstacle à ce que la connaissance des affaires connexes demeure réservée au Gouvernement, en vertu du droit commun établi dans l'article 910 du Code Napoléon ;

« En ce qui touche les libéralités, dites *collectives*, *mixtes* ou *complexes* :

« Considérant que le pouvoir de régler l'acceptation ou le refus des libéralités faites aux communes a été conféré aux conseils municipaux dans un but de décentralisation ;

« Que ce but ne serait pas rempli si l'appréciation des libéralités collectives était déférée au Gouvernement, à l'exclusion des conseils municipaux, dont les attributions resteraient le plus souvent sans application ;

« Que les mêmes effets se produiraient à l'égard des conseils généraux qui ont reçu de semblables pouvoirs en pareille matière de la loi du 18 juillet 1866 ;

« Qu'il est vrai de dire, suivant les termes de l'avis du 27 décembre 1855, que c'est au Gouvernement qu'il appartient de statuer sur les libéralités, soit connexes, soit collectives, parce que seul il peut embrasser les diverses dispositions dans une vue d'ensemble et apprécier les éléments de décisions qu'une instruction commune aurait réunis ;

« Mais considérant que la limitation des pouvoirs des conseils municipaux et généraux, aux cas où les dons et legs sont exempts de charges, de conditions, d'affectation immobilière, et n'ont provoqué aucune réclamation, remédie en grande partie aux inconvénients signalés dans l'avis précité du Conseil d'État ;

« Que, dans l'état actuel des choses, l'ancien mode de procéder pourrait être considéré comme une atteinte portée aux attributions des conseils municipaux et généraux, et aurait pour effet d'entraver l'exercice des pouvoirs qui leur sont conférés par les lois des 18 juillet 1866 et 24 juillet 1867 ;

« Est d'avis ·

« 1° Qu'il doit être statué par décret sur les dons et legs faits à des communes et à des établissements d'utilité publique, lorsqu'ils sont connexes ;

« 2° Que l'acceptation ou le refus des dons et legs faits aux communes par dispositions distinctes (collectives, mixtes ou complexes) doivent être réglées par les conseils municipaux, dans les termes de la loi du 24 juillet 1867. »

Dons manuels. — Ces dons sont de deux espèces : les dons purement gratuits et, par conséquent, sans condition aucune, et ceux qui sont faits sous certaines conditions ou charges. La jurisprudence du Conseil d'État interdit l'acceptation des dons de la seconde espèce ; elle exige qu'ils soient transformés en donations publiques, c'est-à-dire qu'ils soient constatés par actes notariés. Les motifs de cette jurisprudence sont, d'une part, que le principe qu'elle consacre émane du droit civil, et, d'autre part, qu'un acte notarié peut seul assurer à perpétuité l'exécution des volontés du bienfaiteur. Ainsi, tout don manuel qui est subordonné à certaines conditions ou charges, ou même celui dont la destination est déterminée par son auteur, doit être l'objet d'un acte notarié, dans la forme déterminée par le Code Napoléon. (Déc. min., 12 oct. 1862; Bullet. off, 1863, p. 319.

Quant aux dons manuels de la première catégorie, l'article 937 du Code Napoléon, d'après lequel les donations faites au profit d'hospices, des pauvres d'une commune ou d'établissements publics, ne peuvent être acceptées par les administrateurs de ces communes ou établissements qu'après l'approbation du gouvernement, conformément à l'article 910 du même Code, ne leur est point applicable. Le don manuel, fait sans condition ni charges, est consommé vis-à-vis des communes et des établissements publics, de même que vis-à-vis des particuliers, par le seul fait de la tradition de l'objet donné. Le donateur, qui a saisi le donataire, de la main à la main, et en s'affranchissant des formes du droit civil, ne serait pas recevable à se plaindre du défaut d'autorisation au moment de la remise, puisqu'il a voulu que la libéralité produisît son effet par la seule force du droit naturel. (Arrêts, Cass., 6 fév. 1844; Cour de Paris, 7 déc. 1852.)

Les dons manuels destinés aux pauvres doivent être remis au bureau de bienfaisance des communes intéressées et passés en écriture par les receveurs de ces établissements.

Acceptation provisoire. — Comme l'accomplissement des formalités prescrites par les règlements pour obtenir l'autorisation d'accepter les dons et legs entraîne quelquefois des lenteurs qui auraient pu être préjudiciables pour la commune ou l'établissement, l'article 48 de la loi du 18 juillet 1837, sur l'administration municipale, y a pourvu, en disposant que le maire peut toujours, à titre conservatoire, accepter les dons et legs, en vertu d'une délibération du conseil municipal, et que la décision du gouvernement qui intervient ensuite a son effet à partir du jour de cette acceptation.

Cette disposition ne s'appliquait qu'aux dons et legs faits aux communes et aux établissements communaux, mais elle a été étendue aux hospices par l'article 11 de la loi du 7 août 1851, portant que le président de la commission des hospices et hôpitaux peut toujours, à titre conservatoire, accepter, en vertu d'une délibération de la commission, les dons et legs faits aux établissements charitables. Le décret ou l'arrêté du préfet qui intervient ensuite a effet à partir du jour de cette acceptation.

Le but du législateur, en consacrant ces dispositions dans les lois de 1837 et de 1851, a été non-seulement de prévenir la caducité des donations, en cas de décès des donateurs avant l'autorisation à intervenir de la part de l'administration supérieure, mais encore de ne pas exposer les communes et les hospices à perdre les intérêts des legs et donations qui courent pendant le temps où ils sont en instance pour se faire habiliter [1]. Il importe donc que, dès

[1] Un arrêt de la Cour impériale d'Orléans, en date du 8 janvier 1867, (affaire *Adam*), reconnaît aux maires qualité pour demander, à titre conservatoire, dès avant l'autorisation supérieure, et sur la simple acceptation du conseil municipal, la délivrance des legs faits à leurs communes, et en tire cette conséquence que dès ce moment les intérêts du legs courent au profit de la commune légataire. Cet arrêt est ainsi conçu :

« La Cour : — En ce qui touche l'appel des époux Adam contre la commune d'Auxy : — Attendu que la contestation porte uniquement sur les arrérages : 1° de la rente de 975 francs ; 2° et de celle de 4,000 francs, dont le capital colloqué ne donne lieu à aucune difficulté devant la Cour, etc... — Attendu que la demande formée par le maire d'Auxy, à la date du 1er mars 1856, l'a été par suite d'une délibération prise le 19 février précédent, par le conseil municipal de la commune d'Auxy, autorisant l'acceptation du legs fait par la demoiselle Lerouge ; — Attendu que cette autorisation a suffi pour habiliter le maire à faire tous les actes conservatoires sans lesquels cette acceptation aurait pu devenir illusoire ; — Que la demande en délivrance qui, sans doute, ne pouvait amener une condamnation définitive contre le légataire universel que lorsque l'autorité supérieure aurait approuvé la disposition dont il s'agit, a néanmoins fait courir les intérêts de la chose léguée, sous la même condition ; que l'article 48 de la loi du 18 juillet 1837, en autorisant le maire, à titre conservatoire, à accepter les dons et legs, en vertu de la délibération du conseil municipal, lui donne par cela même le pouvoir de former, à titre conservatoire, la demande en délivrance qui est nécessaire pour faire courir les intérêts si le lé-

qu'une donation ou un legs a été fait à une commune, le maire s'empresse, s'il y a lieu, de l'accepter par acte notarié, à titre conservatoire, après avoir obtenu, à cet effet, l'autorisation du conseil municipal.

D'après la jurisprudence actuelle du Conseil d'Etat, les gataire universel ou l'héritier ne consent pas amiablement cette délivrance provisoire ; que l'article 11 de la loi du 7 août 1851 contient une semblable disposition en faveur des hospices ; — Attendu qu'une demande en délivrance, faite à titre **provisoire**, étant certainement un acte conservatoire valable et même nécessaire quand elle a pour but d'empêcher une prescription contre la disposition testamentaire, on ne comprendrait pas comment elle n'aurait pas la même valeur quand il s'agit de faire courir ou de conserver les intérêts des sommes léguées qui en sont l'accessoire ; — Attendu que les lois de 1837 et de 1851, en donnant au décret qui autorise définitivement l'acceptation de la donation ou du legs un effet rétroactif, ont entendu placer la commune ou l'hospice au même état où ils eussent été si l'autorisation du Gouvernement eût été contemporaine de l'acceptation, et par suite valider tous les actes de la procédure régulièrement accomplie dans l'intérêt de la conservation des droits, quels qu'ils fussent, de ces établissements ; qu'au surplus, le législateur a bien fait connaître que telle était sa pensée en appliquant aux legs, qui n'ont pas besoin, comme la donation, d'être formellement acceptés pour être valables, la faculté pour les légataires de les accepter conservatoirement, et que l'acceptation dont il parle doit être entendue dans le sens d'une délivrance légalement effective, quoique suspendue jusqu'au décret d'autorisation ; — Attendu enfin que la commune d'Auxy a été autorisée à ester en justice, par arrêt du 23 août 1865, qui validerait au besoin les actes de procédure antérieurs en date à cette autorisation ; — Attendu qu'il est dès lors incontestable que la demande du 1er mars 1856 a fait courir, à,

bureaux de bienfaisance, qui ont une existence distincte de celle des communes, ne peuvent profiter des dispositions exceptionnelles contenues dans les articles 48 de la loi de 1837 et 11 de la loi du 7 août 1851, relatives à l'acceptation provisoire des dons et legs. Mais nous devons ajouter que, par un arrêt du 12 novembre 1866 (affaire Dugoujon), la Cour de cassation (Chambre civile) a décidé que si, dans leur organisation actuelle, les bureaux de bienfaisance ont une administration séparée et une personnalité civile distincte de celle de la commune, ils n'en conservent pas moins le caractère d'établissement communal, et que, dès lors, il est conforme au texte et à l'esprit de la loi de comprendre ces bureaux dans les dispositions de l'article 48 de la loi de 1837.

Capacité de faire et de recevoir des libéralités. — Clauses contraires aux lois. — Les communes et les établissements ne doivent pas accepter les donations qui leur seraient offertes par des mineurs ou des interdits. (Code Nap., art. 902, 903 et 904.) Ces donations, sans valeur légale, ne pourraient être approuvées. Il en serait de même d'une donation entre-vifs, offerte par une femme mariée qui l'aurait consentie sans l'assistance ou le consentement spécial de son mari ou sans l'autorisation de la justice. (Code Nap., art. 217 et 905[1].)

partir de cette date, les arrérages des rentes dont il s'agit ; — CON-FIRME, etc. »

[1] La loi n'a pas compris dans la catégorie des incapables les

Aux termes de l'article 900 du Code Napoléon, les conditions impossibles, celles qui sont contraires à la loi et aux bonnes mœurs, sont réputées non écrites. Lorsqu'une donation est faite sous des conditions de cette nature, l'acceptation que la commune ou l'établissement donataire en ferait avec l'autorisation du gouvernement ne saurait donc avoir pour effet de rendre obligatoires des clauses que la loi déclare d'avance frappées de nullité. Toutefois, comme de pareilles libéralités pourraient devenir ultérieurement l'objet de contestations et de difficultés, il est de règle de ne statuer sur l'autorisation de ces donations qu'après la suppression des clauses inadmissibles et la constatation, dans de nouveaux actes notariés, des intentions des donateurs à cet égard.

Lorsqu'un legs est soumis à l'autorisation du gouverne-

personnes pourvues d'un conseil judiciaire. L'article 513 du Code Napoléon défend seulement à ceux auxquels la faiblesse de leur raison ou leurs largesses exagérées ont fait donner un conseil judiciaire, de plaider, transiger, emprunter, recevoir un capital mobilier, d'en donner décharge, d'aliéner, de grever leurs biens d'hypothèques, sans l'assistance de leur conseil. Mais, s'il n'y a pas lieu, à défaut d'un texte formel, de leur refuser la faculté de faire une donation entre-vifs, cependant la nature de ces dispositions à titre gratuit peut soulever plus tard de graves difficultés. D'ailleurs, des considérations de fait peuvent engager le gouvernement à refuser à un établissement public d'accepter une donation provenant d'une personne assistée de son conseil judiciaire. Une pareille donation est susceptible d'être annulée par les tribunaux, par la preuve de l'état d'imbécillité du donateur, et cette preuve peut être faite en tout état de cause.

4.

ment, il est consommé par le décès de son auteur ; les conditions illicites qu'il peut renfermer ne sauraient donc plus être modifiées, sans l'intervention des héritiers du défunt et la rédaction d'un nouvel acte. Le gouvernement doit, dès lors, décider qu'il n'y a pas lieu d'autoriser l'acceptation de cette libéralité ou l'autoriser aux charges, clauses et conditions imposées, *en tant qu'elles ne sont pas contraires aux lois*, ou enfin ratifier la déclaration des héritiers qui renoncent à se prévaloir de l'inexécution de ces clauses et conditions écartées par l'autorité administrative. Mais il n'en est pas de même des donations entre-vifs. Le donateur, qui existe au moment de la demande d'autorisation, peut attacher une grande importance à des conditions dont il ignore l'illégalité. Il paraît équitable et loyal, avant d'autoriser une acceptation qui rendrait sa libéralité irrévocable, tout en repoussant les conditions illicites, de lui faire connaître la situation des choses et de l'appeler à modifier les conditions de sa libéralité. (Circ. du min. de l'instruction publique et des cultes, 10 avril 1862.)

Lorsque le montant des charges est supérieur à la valeur de l'objet donné ou légué, le conseil municipal ou la commission administrative doivent refuser la libéralité, car, s'ils l'acceptaient, ils contracteraient l'obligation d'accomplir scrupuleusement les intentions et les conditions du donateur ou du testateur.

L'article 896 du Code Napoléon a prohibé les libéralités entachées de substitution, c'est-à-dire celles dans lesquelles celui qui reçoit est obligé de *conserver* les biens donnés et de les *rendre* à une autre personne. L'intention de la loi a été d'empêcher un donateur de disposer deux fois de sa fortune, d'établir un *ordre successif* contraire à celui fixé par elle. Enfin, elle n'a pas voulu laisser reposer indécise, sur la tête du donataire, la propriété de la chose donnée. Ces règles sont applicables aux établissements publics. Les clauses du droit de retour et de substitution (art. 951 et 896 du Code Nap.) présentent des difficultés spéciales dont il importe de laisser, en général, la connaissance aux tribunaux civils.

Il n'y a pas lieu d'approuver la condition insérée dans l'acte de donation d'une rente, que le remboursement n'en pourra jamais être effectué. En effet, aux termes des articles 630 et 1911 du Code Napoléon, les rentes annuelles et perpétuelles sont essentiellement rachetables, et toutes les stipulations qui ont pour but d'en interdire le remboursement au delà des termes que ces articles permettent de fixer sont nulles. .

La clause portant qu'une donation serait révoquée de *plein droit*, à partir de l'époque où les conditions stipulées cesseraient d'être exécutées, est contraire à l'article 956 du Code Napoléon, portant que la révocation d'une donation n'aura jamais lieu de plein droit. Aux termes des articles 953, 954 et 956 du même Code, les donateurs et leurs représentants ont toujours la faculté de poursuivre la révocation de leurs libéralités pour cause d'inexécution des conditions. Cette garantie paraît suffisante, puisque, dans le cas où la révocation est prononcée par la justice, les biens rentrent libres de toutes charges dans les mains du donateur. (Circ. du min. de l'instruction publique et des cultes, 10 avril 1862.)

Il arrive assez fréquemment qu'un testateur lègue des immeubles à une commune ou à un établissement d'utilité publique, à la condition de ne jamais *vendre* ou *aliéner* ces immeubles sous aucun prétexte, sauf le cas d'expropriation, ou de ne les vendre qu'à un prix exorbitant fixé d'avance. Une pareille condition doit, aux termes de l'article 900 du Code Napoléon, être réputée *non écrite*, comme contraire aux lois, alors même que le testateur aurait déclaré faire de cette inaliénabilité une condition expresse et de rigueur, sans laquelle le legs n'aurait pas eu lieu. En effet, cette clause porte atteinte au droit de propriété en supprimant le pouvoir de libre disposition qui, d'après l'article 544 du Code Napoléon, est un de ses éléments essentiels.

Une telle condition ne saurait d'ailleurs être considérée comme constituant une cause illicite de la libéralité, dans le sens de l'article 1131 du même Code, et ne peut entraîner la nullité du legs. C'est ce qui résulte d'un arrêt de la Cour de Lyon, en date du 22 mars 1866 (Bourlier).

Lorsqu'il s'agit d'une donation, l'administration supérieure invite le donateur à retrancher la clause d'inaliénabilité, en lui faisant observer qu'il ne pourrait être donné suite à sa donation qu'après qu'il aurait supprimé cette condition contraire aux lois. Mais il n'en est pas de même des testaments, qui ne peuvent être modifiés après la mort des testateurs. Dans ces derniers cas, l'arrêté ou le décret qui intervient pour autoriser l'acceptation du legs porte que la libéralité n'est approuvée qu'en tant que les conditions énoncées dans le testament ne sont pas contraires aux lois. Ajoutons que l'administration supérieure, voulant faire respecter, autant que possible, la volonté du testateur, recommande ordinairement aux préfets de n'autoriser l'aliénation de l'immeuble légué qu'en cas de nécessité absolue.

Lorsque le *legs* consiste dans un *usufruit*, il convient que l'arrêté ou le décret qui en autorise l'acceptation fixe, par application de l'article 619 du Code Napoléon, la durée de cet usufruit à trente ans, terme auquel la loi a borné tout usufruit qui n'est pas donné à des particuliers.

D'après le droit commun (Code Napoléon, art. 949), le *donateur* peut faire la réserve à son profit ou disposer au profit d'un autre de la jouissance des biens meubles ou immeubles donnés. Mais l'article 4 de l'ordonnance du 14 janvier 1831 interdit aux établissements ecclésiastiques et aux communautés religieuses de femmes l'acceptation des libéralités faites sous réserve d'usufruit en faveur des donateurs.

Le motif de cette disposition dérogatoire au droit commun, c'est que les donations de ce genre présentent presque tous les caractères de véritables dispositions testamentaires, et qu'à la différence de ces dernières, elles mettent le gouvernement dans l'impossibilité d'examiner la position des héritiers et, par suite, la convenance de l'acceptation. En effet, la situation des héritiers naturels, leur degré de parenté, leur assentiment ou leurs réclamations ne peuvent être utilement appréciés qu'au décès du testateur, c'est-à-dire à l'époque de l'ouverture de la succession.

Ces considérations ont provoqué de la part de la section de l'intérieur du Conseil d'Etat plusieurs avis [1], tendant à faire application aux établissements de bienfaisance de la règle posée par l'ordonnance de 1831, en ce qui concerne les donations sous réserve d'usufruit. Le ministre de l'intérieur a fait connaître aux préfets, par sa circulaire du 5 décembre 1863, qu'il adoptait complétement cette jurisprudence, et il a invité ces fonctionnaires à s'y conformer, à

[1] Dans un avis du 13 octobre 1830, cité par l'*Ecole des communes*, année 1864, p. 29, le Conseil d'État, en émettant l'avis de ne pas autoriser divers établissements publics à accepter des donations faites avec réserve d'usufruit en faveur des donateurs, faisait valoir les considérations suivantes :

« En général, dans toutes les affaires de donations pures et simples, on doit insister auprès des autorités locales pour se procurer les renseignements les plus certains possibles sur la fortune des donateurs et la situation de leurs héritiers présomptifs et surtout des héritiers à réserve, qui, par la suite, lors de l'ouverture de la succession, pourraient, aux termes de l'article 920 du Code civil, exercer des répétitions contre les établissements donataires, s'il était reconnu, par la liquidation de la succession, que la valeur des donations était supérieure à la quotité disponible.

« Lorsqu'une personne fait une donation pure et simple en faveur d'établissements publics, il est, en général, peu à supposer que le donateur veuille se dépouiller au delà d'une proportion raison-

l'avenir, dans l'examen des affaires qui seront soumises à leur décision, en vertu du décret de décentralisation du 25 mars 1852.

Les considérations qui ont motivé l'application de l'article 4 de l'ordonnance du 14 janvier 1831 aux établissements de bienfaisance, peuvent être également invoquées à l'égard des libéralités faites aux communes. (Déc. min.; Bullet. off., 1865, p. 135.)

Il s'est présenté une espèce dans laquelle une donatrice s'était réservé seulement le tiers environ des objets donnés, au lieu de la totalité.

Le ministre de l'intérieur a soumis au Conseil d'Etat un projet de décret tendant à autoriser l'acceptation de cette libéralité, et le Conseil a adopté ce projet, dans sa séance

nable avec ses facultés. Mais il n'en est pas de même relativement aux donations faites avec réserve d'usufruit. Cette espèce de donation est un véritable testament, avec cette différence qu'une fois acceptée, ses dispositions deviennent irrévocables, quelques changements qui puissent survenir dans les intentions ou la fortune du testateur.

« Pour ces donations, le gouvernement, avant d'accorder l'autorisation d'acceptation, n'a aucun moyen d'examiner, comme il le fait relativement aux legs, quelle est la fortune du donateur et la position de ses héritiers naturels ; d'ailleurs cet examen ne peut se faire utilement et présenter un résultat certain qu'à l'époque de l'ouverture de la succession du donateur.

« Enfin, on ne voit aucun motif pour que les personnes charitables qui veulent faire en faveur d'établissements publics des dispositions dont ceux-ci ne seraient appelés à jouir qu'après leur mort, n'emploient pas la forme testamentaire. »

du 31 janvier 1867, en émettant les observations suivantes :

« Si la donatrice avait réservé la totalité des biens donnés, on aurait dû examiner si, conformément à l'ordonnance du 14 janvier 1831, à la jurisprudence de la section de l'intérieur et à la circulaire ministérielle du 5 décembre 1863, l'autorisation ne devait pas être refusée. Mais la donatrice s'est bornée à se réserver la jouissance de la maison d'habitation avec ses dépendances et à stipuler à son profit le service d'une rente viagère de 1,350 francs, de beaucoup inférieure au revenu des biens donnés. Ces stipulations ne constituent pas une réserve d'usufruit, et ne sont, en réalité, qu'une condition onéreuse imposée à la libéralité. »

Un décret conforme à ces observations a été rendu par l'Empereur, sur la proposition du ministre de l'intérieur.

Mise en demeure des héritiers. — Aux termes de l'article 3 de l'ordonnance réglementaire du 14 janvier 1831, qui concerne spécialement les établissements ecclésiastiques et les congrégations religieuses, mais qui a été étendue par la jurisprudence du Conseil d'Etat aux établissements de bienfaisance et aux communes, « les héritiers connus du testateur doivent être appelés, par acte extra-judiciaire, pour prendre connaissance du testament, donner leur consentement à son exécution ou produire leurs moyens d'opposition. S'il n'y a pas d'héritiers connus, l'extrait du testament doit être affiché, de huitaine en huitaine, et à trois reprises consécutives, au chef-lieu de la mairie du domicile du testateur, et inséré dans le journal judiciaire du département, avec invitation aux héritiers d'adresser au préfet, dans le même délai, les réclamations qu'ils auraient à présenter. »

Une circulaire du ministre de l'intérieur du 14 juillet 1846 appelle l'attention toute particulière des préfets sur la convenance et la justice de rechercher avec soin quelles sont les intentions des héritiers des testateurs; car, si le gouvernement doit, autant que possible, respecter les volontés dernières des testateurs, il doit prendre tous les moyens de s'assurer si ces volontés, quand elles s'écartent de l'ordre ordinaire des successions, n'ont pas cédé à des influences ou agi sous l'empire de préventions qui leur ôtent ce caractère de spontanéité qui, aux yeux du gouvernement, doit légitimer les libéralités faites aux établissements publics.

La circulaire du 5 mai 1852, qui trace les règles à suivre pour l'exécution du décret du 25 mars précédent, indique, parmi les pièces que les préfets doivent réunir pour l'instruction des demandes d'autorisation d'accepter les libéralités faites aux communes et aux établissements de bienfaisance, l'adhésion des héritiers ou leur opposition à la délivrance des legs, ou du moins la preuve de leur mise en demeure.

L'opposition des héritiers n'est pas un obstacle à l'autorisation des libéralités; leur consentement ne saurait être non plus une raison suffisante pour en déterminer nécessairement l'approbation. Les héritiers sont consultés, parce que le gouvernement veut protéger tous les intérêts; mais il n'est lié en aucun cas : il conserve toujours son libre arbitre et son indépendance.

Lorsque les héritiers naturels sont connus, il faut nécessairement produire leur consentement ou des actes extrajudiciaires constatant qu'ils ont été régulièrement interpellés.

Le consentement du légataire universel ne dispense pas de mettre les héritiers naturels en demeure. En effet, les dispositions de l'article 5 de l'ordonnance de 1831 ne comportent aucune exception. D'ailleurs, les héritiers naturels du testateur peuvent avoir l'intention d'attaquer le legs universel, et il importe que le gouvernement en soit averti, parce que leur action judiciaire peut exercer une grande influence sur sa décision.

De même, quand il y a un légataire universel, l'adhésion des héritiers naturels ne suffit pas; il faut, en outre, appeler ce légataire universel à donner son consentement ou à présenter ses observations, puisque, d'après la loi et la jurisprudence, ce serait lui qui profiterait du rejet ou de la réduction des legs qu'il est tenu d'acquitter.

Il ne suffit pas d'interpeller les héritiers connus existant *au domicile* du testateur; il est, au contraire, de principe et de jurisprudence que l'interpellation directe par acte extrajudiciaire doit s'étendre à tous les héritiers connus, quel que soit le lieu de leur domicile.

Le consentement des héritiers à l'exécution des legs peut être donné par un acte authentique, par un acte sous seing privé ou par une simple lettre ; mais il doit émaner des héritiers eux-mêmes. Un certificat délivré par le maire de la commune serait insuffisant pour constituer la preuve de ce consentement.

En cas d'opposition, les héritiers font connaître leurs motifs dans un mémoire qu'ils transmettent au préfet ou dans toute autre forme qu'ils préfèrent.

Il ne suffit pas que le maire atteste, par un certificat, que les héritiers du testateur ont été régulièrement mis en demeure ; il est indispensable de produire les actes extra-judiciaires qui ont dû leur être signifiés.

Les maires ne peuvent pas non plus se borner à certifier que le testament a été affiché, conformément aux prescriptions de l'ordonnance du 14 janvier 1831, afin de mettre les héritiers naturels, dont le domicile était inconnu, à même de présenter leurs observations ; il faut encore produire une copie du procès-verbal d'apposition d'affiches à la porte de la mairie et un exemplaire du journal judiciaire contenant l'extrait du testament.

Aux termes de l'article 753 du Code Napoléon, toute succession échue à des ascendants ou à des collatéraux se divise en deux parties égales : l'une pour les parents de la ligne paternelle, l'autre pour les parents de la ligne maternelle. Cette division s'opère de plein droit entre les deux branches. Ainsi, lorsqu'il n'existe pas d'héritiers connus dans l'une des deux lignes, le testateur n'est représenté que pour moitié. Il n'est pas possible, dans ce cas, de s'en tenir aux actes extrajudiciaires signifiés aux héritiers connus d'une ligne; il est encore indispensable de procéder aux formalités de l'interpellation par voie de publications et d'affiches, en ce qui concerne les successibles de l'autre ligne, à qui revient la moitié de l'héritage. L'inaccomplissement de cette formalité autoriserait les héritiers ainsi négligés à se prévaloir de leurs droits pour réclamer une nouvelle décision.

Il en est de ce cas comme de celui où, divers héritiers étant connus, on aurait omis sciemment d'interpeller un ou plusieurs d'entre eux. Il est évident qu'en pareil cas, le décret ou l'arrêté intervenu ne pourrait, au point de vue de l'article 3 de l'ordonnance du 14 janvier 1831, être opposé à ces héritiers.

Un acte de notoriété attestant l'absence d'héritiers dans une ligne ne saurait avoir d'autre valeur que celle d'un simple renseignement. S'il en était autrement, et s'il fallait lui reconnaître force probante, il serait facile aux parties intéressées qui font dresser des actes de cette nature d'obtenir, par surprise, des autorisations d'accepter irrévocables.

En résumé, tous les représentants légaux du défunt doivent être interpellés : les uns directement, par voie extrajudiciaire ; les autres par la voie indirecte de la publicité. Ainsi, lors même qu'il y a un certain nombre d'héritiers connus, si l'on n'a pas la certitude qu'il n'en existe pas d'autres, ce doute suffit pour rendre nécessaire le recours à la formalité des publications. L'acte extrajudiciaire est, en effet, le mode d'interpellation spécial et personnel, tandis que les publications et affiches constituent le mode général. L'emploi de ce dernier mode de mise en demeure peut seul permettre de comprendre sûrement dans la mesure l'ensemble des héritiers. Aussi est-il généralement pratiqué dans tous les cas de successions dévolues à des héritiers collatéraux un peu éloignés, et dans lesquelles il est naturellement difficile de connaître exactement le nombre des successibles. (Lettre du ministre de la justice et des cultes au ministre de l'intérieur, 24 avril 1863.)

Le décret du 25 mars 1852 (tableau A, n° 42) n'a donné aux préfets le droit de statuer sur l'acceptation des dons et legs faits aux communes et aux établissements de bienfaisance que lorsqu'il n'y a pas réclamation des familles. Dans le cas contraire, l'autorisation d'accepter doit être accordée par le chef de l'Etat, en conseil d'Etat, quand bien même la réclamation ne porterait que sur une partie des legs.

Il suit de là qu'en autorisant l'acceptation d'un legs sans que les héritiers naturels aient été mis régulièrement en demeure de se prononcer, le préfet excède la limite de ses pouvoirs. (Arrêts Cons. d'Etat, 25 janvier 1857, Brunet; 1er août 1867, Labrousse.)

Cette règle ne souffre pas d'exception, alors même que l'un des héritiers, institué légataire universel pour tout ce qui doit rester de la succession, après le prélèvement du legs fait à la commune ou à l'établissement, a consenti à l'exécution du testament, en ce qui concerne ce legs. (Arrêt Cons. d'Etat, 1er mars 1866, héritiers Barni contre la ville d'Amiens.)

Lorsqu'une réclamation a été adressée au préfet, à l'effet d'exercer les droits qui appartiendraient au réclamant comme héritier du testateur, le préfet, lors même qu'il se croit fondé à contester au réclamant la qualité d'héritier, doit surseoir à statuer sur l'autorisation d'accepter, jusqu'à ce que le prétendu héritier ait fait reconnaître ses droits par l'autorité judiciaire. Le préfet ne peut statuer immédiatement, en se fondant sur ce qu'il n'est pas obligé de s'arrêter devant une réclamation quelconque, mais seulement devant la réclamation d'un héritier ayant juste titre. (Arrêt Cons. d'Etat, 23 novembre 1865, Lemaire.)

Réduction des libéralités. — Secours en faveur des héritiers pauvres. — Le gouvernement, comme tuteur des intérêts généraux, des communes et des établissements, a le droit de réduire et même de rejeter les libéralités qui leur seraient faites, lorsque des considérations d'ordre public, l'intérêt des communes ou l'équité lui en font un devoir.

Les principaux éléments de ses déterminations sont : d'une part, la destination du legs, son utilité, soit pour la commune ou l'établissement; d'autre part, le degré de parenté des réclamants, leur situation précaire ou leur peu de fortune eu égard à leur position sociale, les motifs qui ont pu déterminer le testateur à disposer de tout ou partie de son héritage, l'origine des biens légués, la nature des influences auxquelles le testateur a pu céder, enfin, et, en première ligne, le respect que méritent les actes de dernière volonté. (Avis du Cons. d'Etat, 20 août 1834.) Voir ci-dessus, p. 52.

Il n'y a pas lieu de réduire un legs uniquement parce que la succession paraîtrait présenter un déficit. S'il est constaté, la réduction est de droit et l'administration supérieure n'a pas besoin de la faire.

Lorsque le gouvernement réduit une libéralité, il ne peut imposer à l'établissement légataire des conditions qui ne résultent pas des dispositions du testament.

Lorsqu'il réduit ou rejette un legs, il ne peut pas non plus favoriser une partie des héritiers, alors même qu'ils sont nécessiteux, au préjudice des autres. La réduction ou le rejet prononcés, les biens retournent à la masse de la succession et sont partagés entre les héritiers, suivant les règles de droit commun. Il peut en résulter que la réduction qui sera opérée dans l'intérêt d'un héritier pauvre profitera, en même temps, à un héritier riche; mais cet inconvénient n'est pas toujours de nature à empêcher la réduction ou le rejet. Le gouvernement, qui, en pareil cas, se trouve dans l'impossibilité d'attribuer aux nécessiteux seulement les avantages résultant de la réduction du legs, doit examiner s'il ne vaut pas encore mieux procurer à une personne déjà riche un accroissement de fortune dont elle pourrait se passer, plutôt que de priver des gens notoirement malheureux de sommes comparativement moins fortes, mais dont la grande importance pour eux ne saurait être méconnue. (Avis du Cons. d'Etat, 8 novembre 1833.)

Lorsqu'un légataire universel a été institué par le testateur, la réduction que le gouvernement prononcerait, en exécution de l'article 910 du Code Napoléon, ne pourrait profiter, en principe, qu'au légataire universel. Mais l'administration possède deux moyens de venir en aide aux héritiers naturels qui se trouvent dans l'indigence, malgré la présence d'un légataire universel. En effet, elle peut demander à ce légataire, qui n'a aucun intérêt personnel à s'y refuser, de passer avec les héritiers naturels une convention tendant à leur assurer le produit de la réduction. L'administration peut aussi inviter les établissements légataires à voter, en faveur des héritiers pauvres, des secours annuels, dont le légataire universel ne saurait, à aucun titre, réclamer le bénéfice. Il est évident que la commune ou l'établissement peut, tout en prenant l'engagement de servir aux héritiers pauvres une rente viagère, accepter intégralement la disposition faite à son profit par le testateur, attendu que l'allocation de ce secours ne constitue pas une réduction susceptible de réclamation de la part du légataire universel.

D'après la jurisprudence actuelle du Conseil d'Etat, la délibération par laquelle le conseil municipal ou la commission administrative s'engage à servir un secours aux héritiers pauvres, est mentionnée dans les visas qui précèdent le dispositif du décret d'autorisation.

Transactions. — La transaction est un contrat par lequel les parties terminent une contestation née ou préviennent une contestation à naître. Ce contrat doit être rédigé par écrit. (Code Nap., art. 2044.) — Il n'est pas nécessaire, pour qu'il y ait matière à transaction, que la contestation qui y donne lieu soit déjà pendante devant un tribunal.

Les communes et établissements publics ne peuvent transiger qu'avec l'autorisation expresse du gouvernement. (Code Nap., art. 2045.)

Pour transiger, il faut avoir la capacité de disposer des objets compris dans la transaction. (*Idem.*)

Les communes et les établissements publics ne peuvent transiger qu'après une délibération du conseil municipal ou de la commission administrative. Cette disposition n'établit aucune distinction sur la nature des procès, soit qu'ils concernent la propriété des biens mobiliers ou immobiliers, soit qu'ils doivent être portés devant les tribunaux civils ou devant la juridiction administrative.

Lorsqu'une transaction est projetée entre une commune ou un établissement et les héritiers d'un testateur, au sujet d'un legs, il n'est pas nécessaire de soumettre l'affaire à une double instruction, c'est-à-dire d'appeler les établissements institués d'abord à accepter purement et simplement le legs, ensuite à s'occuper de la transaction.

Il suffit que le conseil municipal ou la commission administrative se prononce sur les offres d'arrangement faites par les héritiers, puisque l'acceptation de ces offres implique nécessairement celle des dispositions testamentaires qui y ont donné lieu. C'est seulement dans le décret à intervenir que, d'après la jurisprudence de la section de l'intérieur du Conseil d'État, basée sur l'article 2045 du Code Napoléon, il devra être statué, par deux articles distincts, sur l'acceptation du legs et sur la transaction intervenue. (Déc. min.; Bulletin du min. de l'intérieur, 1865, p. 91.) [1].

Aux termes de l'article 1er de l'arrêté consulaire du 21 frimaire an XII, les communes et les établissements de bienfaisance ne peuvent transiger qu'après une délibération prise sur la consultation de *trois jurisconsultes*..

On a demandé si ces derniers doivent être nécessairement des *avocats* ayant au moins dix années d'exercice, comme le prescrit l'article 495 du Code de procédure en matière de requête civile, ou si l'on pourrait choisir également des notaires ou des avoués exerçant leur profession depuis le même laps de temps.

Le ministre de l'intérieur a répondu : Les jurisconsultes appelés à se prononcer sur les projets de transaction qui intéressent les communes ou les établissements doivent appartenir au barreau. Mais il n'est pas absolument indispensable, à raison du silence gardé à cet égard par l'arrêté de l'an XII, de choisir des avocats exerçant leur profession depuis au moins dix ans. Il paraît néanmoins conforme à

---

[1] Nous ferons observer, toutefois, que dans deux affaires récentes (legs *Talleyrand-Perigord*, Seine, — et legs *Poultier*, Somme) le Conseil d'État a émis l'avis que cette division en deux autorisations distinctes semblait entraîner, comme conséquence nécessaire, deux actes successifs et pourrait donner lieu à des difficultés pour la fixation des droits d'enregistrement. Il a, en conséquence, été statué par un seul article,

l'intérêt des communes et des établissements de recourir, autant que possible, aux lumières de ceux qui remplissent cette condition, en appliquant ainsi, par analogie, la règle du Code de procédure mentionnée plus haut.

On ne croit pas inutile de rappeler ici que, d'après la jurisprudence du Conseil d'État, basée, du reste, sur l'article 1er de l'arrêté de l'an XII, l'avis des jurisconsultes, destiné spécialement à éclairer le conseil municipal sur le mérite de la transaction, doit toujours *précéder* la délibération qui approuve celle-ci. (Déc. min. 1864; Bulletin du min. de l'int., 1864, p. 136.)

Lorsqu'au nombre des héritiers se trouve un *mineur*, la transaction ne peut devenir valable qu'après avoir été homologuée par le tribunal de première instance, et cette homologation doit précéder le décret à intervenir, en ce qui concerne les établissements publics. En effet, l'administration supérieure doit éviter de provoquer un acte du gouvernement qui pourrait ne pas être suivi d'exécution dans le cas où le tribunal considérerait la transaction projetée comme désavantageuse pour le mineur. (Déc. min.; Bulletin du min. de l'int., 1863, p. 176.)

Instruction des affaires. — Pièces à produire. — S'il s'agit d'une *donation* entre-vifs, il importe de produire les pièces suivantes :

1° Une expédition en forme de l'acte public de donation ;

2° Les budgets de l'exercice courant et un relevé des recettes et des dépenses de la commune ou de l'établissement de bienfaisance, séparées en ordinaires et extraordinaires, d'après les trois derniers comptes administratifs ;

3° L'estimation des objets donnés, et, si la donation consiste en un immeuble, un procès-verbal d'expertise constatant sa valeur, tant en capital qu'en revenu ;

4° Un certificat de vie du donateur, dressé par le maire de la commune de son domicile ou par un notaire ;

5° Des renseignements aussi exacts que possible sur la position de fortune du donateur et de ses héritiers présomptifs. Il convient, en outre, de faire connaître si le donateur a ou non des héritiers à réserve. Les renseignements sur la position de fortune du donateur et de ses héritiers présomptifs doivent être fournis par les maires et même, selon les circonstances, par le juge de paix ou le commissaire de police ;

6° Les délibérations du conseil municipal ou de la commission administrative sur l'acceptation provisoire de la libéralité[1] ;

7° L'avis du sous-préfet ;

8° L'avis motivé du préfet, s'il doit être statué par décret.

[1] En vertu des dispositions combinées de la loi du 18 juillet 1837 (art. 48) du décret du 25 mars 1852 (art. 1er et tableau A, n° 42), le préfet a le pouvoir de contraindre une commune à accepter une donation, et si le maire refusait de passer l'acte nécessaire, un délégué spécial pourrait lui être substitué à cet effet, par application de l'article 15 de la loi de 1837. (Déc. min. *Bulletin du min. de l'intérieur*, 1864, p. 31.)

S'il s'agit d'un *legs*, il importe, quelle que soit la forme du testament, de produire :

1° Des expéditions ou des extraits authentiques de ces actes délivrés par les notaires détenteurs des minutes ou des originaux. Il convient, surtout lorsqu'il y a réclamation des héritiers, de joindre, autant que possible, aux dossiers, au lieu de simples extraits relatifs aux divers legs, des expéditions entières des testaments, parce qu'il est souvent utile, pour apprécier les circonstances de chaque affaire, de connaître l'ensemble des dispositions du même testament ;

2° L'acte de décès du testateur ;

3° Les délibérations du conseil municipal ou de la commission administrative tendant à accepter ou à répudier la libéralité[1] ;

4° Si l'objet légué est un immeuble, un procès-verbal d'estimation indiquant la contenance de cet immeuble et sa valeur, tant en capital qu'en revenu : cette opération doit être confiée à des personnes étrangères à l'établissement légataire et ayant, du reste, les connaissances nécessaires pour remplir convenablement une pareille mission ;

5° Les budgets de l'exercice courant et un relevé des recettes et des dépenses de la commune ou de l'établissement de bienfaisance, séparées en ordinaires et extraordinaires, d'après les trois derniers comptes administratifs ;

---

[1] Lorsqu'un conseil municipal ou une commission administrative croit devoir répudier un legs, sa délibération doit être soumise à l'approbation du gouvernement.

6° L'adhésion des héritiers ou leur opposition à la délivrance des legs, ou du moins la preuve de leur mise en demeure ;

7° Un état dès biens laissés par le testateur : toutes les fois qu'un legs est l'objet d'une réclamation des héritiers naturels ou institués, il importe de faire connaître la valeur totale de l'actif et du passif de la succession du testateur ;

8° Renseignements sur le nombre et le degré de parenté des héritiers, y compris ceux qui ne réclament pas, sur leur situation de fortune et leurs charges de famille. On peut recueillir ces renseignements auprès des maires, des commissaires de police ou des juges de paix. Lorsque l'un des réclamants est maire d'une commune, on doit s'adresser au juge de paix ;

9° Si le testateur laisse des héritiers dont le domicile n'est pas connu, des certificats attestant qu'un extrait du testament a été affiché, de huitaine en huitaine et à trois reprises différentes, au chef-lieu du domicile du testateur, et un exemplaire certifié du journal judiciaire du département où cet extrait a été inséré, avec invitation aux héritiers d'adresser au préfet, dans le même délai, les réclamations qu'ils auraient à présenter ;

10° Si l'objet légué est un immeuble, un certificat du bureau des hypothèques, constatant s'il est libre ou grevé ;

11° L'avis du sous-préfet ;

12° L'avis motivé du préfet, s'il doit être statué par un décret.

Exécution des libéralités. — Lorsque l'autorisation d'accepter a été accordée, la disposition entre-vifs ou par testament produit, au profit de la commune ou de l'établissement, donataire ou légataire, les mêmes effets qu'au profit de tout autre donataire ou légataire qui n'aurait pas été soumis à cette condition de l'autorisation.

Ainsi, lorsqu'il s'agit d'un legs *universel*, la commune ou l'établissement est tenu d'en demander la délivrance aux héritiers réservataires. Si le testateur n'a pas laissé d'héritiers auxquels une partie de ses biens soit réservée par la loi, la commune ou l'établissement est saisi de plein droit, soit que, le testament étant authentique, il n'y ait aucun envoi en possession à demander, soit que, le testament étant olographe ou mystique, il y ait lieu de se faire envoyer en possession par une ordonnance du président du tribunal. (Code Nap., art. 1004, 1006, 1007 et 1008.)

Le legs *universel* fait au profit d'une commune conserve ce caractère, bien que l'acceptation n'en ait été autorisée par le gouvernement que pour une quote-part. Cette acceptation partielle ne le transforme pas en legs à *titre universel*. Par suite, s'il n'y a pas d'héritier à réserve, la commune à laquelle a été fait le legs universel, ainsi partiellement accepté, n'en demeure pas moins saisie de plein droit des biens légués, sans qu'il soit besoin de demander la délivrance. (Arrêt Cass., 4 décembre 1866; héritiers Fieffé de Lièvreville contre la ville de Bordeaux.)

S'il s'agit d'un legs à *titre universel* ou à *titre particulier*, la délivrance doit en être demandée aux héritiers réservataires ; à leur défaut, aux légataires universels ; à défaut de ceux-ci, aux héritiers appelés dans l'ordre établi par la loi. (Code Nap., art. 1011 et 1014.)

S'il n'y a ni héritier réservataire, ni légataire universel, ni aucun héritier non réservataire, et que la succession soit ainsi dévolue aux successeurs irréguliers, c'est à eux, s'ils se sont fait envoyer en possession, qu'il appartient de faire la délivrance. (Code Nap., art. 724, 770 et 773.)

Enfin, si aucun successeur à titre irrégulier ne s'est fait mettre en possession, l'établissement légataire à titre universel ou à titre particulier doit s'adresser à la justice pour faire nommer un curateur à la succession vacante, et c'est contre ce curateur qu'il doit former sa demande en délivrance. (Code Nap., art. 811 et suiv.)

Le montant des legs et donations *en argent* légalement autorisés en faveur des communes doit être versé dans les caisses municipales, à moins que le décret ou l'arrêté d'autorisation n'en prescrive le versement dans une autre caisse. (Inst. gén. des finances du 20 juin 1859, art. 949.)

Les receveurs doivent, dans tous les cas, requérir le versement par les héritiers du donateur du montant des legs ou donations, les articles 62 et 64 de la loi du 18 juillet 1837 attribuant à ces comptables seuls le droit et le devoir de poursuivre le recouvrement des créances des communes. En cas de refus ou de retard de la part des héritiers, les receveurs doivent procéder contre eux par voie de *commandement* et de *saisie;* et si, malgré ces poursuites, les héritiers ou autres détenteurs se refusaient à la remise des fonds, les maires, avec l'autorisation du conseil de préfecture, en poursuivraient judiciairement la rentrée, conformément aux dispositions de l'article 850 de l'instruction générale du 20 juin 1859. (Inst. gén., art. 950.)

Quant aux dons et legs consistant en *immeubles* ou en *effets mobiliers*, c'est aux maires qu'est délégué le soin d'en poursuivre la délivrance, sans préjudice des obligations imposées aux receveurs par les articles 849 et 948 de l'instruction générale des finances, pour le recouvrement des créances communales de toute nature. (Inst. gén., art. 951.)

Les receveurs ont d'ailleurs pour obligation de procéder à la formalité conservatoire de l'inscription hypothécaire sur tous les biens de la succession. (Code Nap., art. 1017.) Cette formalité doit être remplie dans le délai de six mois. (Code Nap., art. 2111.)

Toutes les actions relatives à l'exécution et à la délivrance des libéralités sont de la compétence exclusive des tribunaux civils ; et c'est devant eux que doit être portée la demande en délivrance, lorsque les héritiers chargés par la loi d'opérer cette délivrance refusent de la faire.

Pourvoi des héritiers devant les tribunaux. — Les autorisations d'accepter des dons et legs accordées aux communes et aux établissements, en vertu de l'article 910 du Code Napoléon et de l'ordonnance royale du 2 avril 1817, ne sont que de simples actes de tutelle administrative ; en conséquence, ces autorisations ne peuvent être l'objet d'un recours au Conseil d'Etat par la voie contentieuse. (Arrêt Cons. d'Etat, 1er décembre 1852, Lasserre.)

Mais l'autorisation du gouvernement ne fait pas obstacle à ce que les héritiers se pourvoient devant les tribunaux contre les dispositions dont l'acceptation a été autorisée, en demandant soit la nullité, soit la réduction de la libéralité. Il ne s'agit plus alors d'une réduction ou du refus d'autorisation que l'autorité supérieure peut prononcer dans l'intérêt de la famille ou par des considérations d'ordre public, mais de la réduction prescrite par les articles 913 et 915 du Code Napoléon, dans les cas qu'ils prévoient, ou d'une nullité motivée sur le dol, l'erreur ou la captation, ou sur l'inobservation des formalités légales. Si la disposition est annulée par les tribunaux, l'autorisation tombe avec elle ; si elle est réduite, son effet est réduit, nonobstant l'autorisation, à la mesure fixée par le jugement. (Voir Durieu et Roche, *Répertoire des établissements de bienfaisance*, t. II, p. 402.)

Placement en rentes sur l'Etat. — Immatriculation et garde du titre. — Le décret du 27 février 1811 fait une obligation aux communes de verser leurs fonds libres au Trésor. Cette prescription a pour objet d'assurer la conservation de ces fonds, en évitant de les laisser improductifs dans les caisses des receveurs municipaux ; mais, dans l'esprit du législateur, cette disposition ne devait évidemment s'appliquer qu'aux sommes destinées à acquitter des dépenses votées ou en cours d'exécution. Lorsqu'il s'agit, au contraire, de capitaux libres, sans emploi fixe ou prochain, il est conforme à l'ensemble de notre législation et à de nombreux avis du Conseil d'Etat de les placer en rentes 3 pour 100 sur l'Etat. Cet emploi doit être préféré à tous autres, comme étant celui qui présente le plus d'avantages, au double point de vue de la sécurité du placement et de la facilité du recouvrement des revenus. Ce n'est donc qu'en raison de circonstances exceptionnelles qu'il pourrait y avoir lieu d'autoriser le placement de fonds de cette nature en acquisitions d'immeubles, ou de toute manière autre qu'en emploi de rentes sur l'Etat.

Il arrive souvent que des testateurs font des libéralités à des établissements religieux, à la charge d'employer tout ou partie des legs à des œuvres ou à des services qui rentrent dans les attributions légales des établissements charitables ou des communes. Ces libéralités sont appelées *connexes.*

Par un avis de principe, en date du 4 mars 1841, le Conseil d'Etat a décidé : 1° qu'il appartient au gouvernement de statuer sur les libéralités connexes ; 2° que ces libéralités doivent être conjointement et simultanément acceptées par l'établissement institué légataire et par l'établissement appelé à profiter du legs, ou bénéficiaire 3° que, dans le cas où un legs est fait à un établissement ecclésiastique pour fonder un établissement communal, hospitalier ou autre, il convient d'autoriser en même temps, par un décret collectif, l'acceptation de ce legs et la création de ce dernier établissement, s'il a un véritable caractère d'utilité publique, en déclarant que le legs devra être affecté à son service.

Dans un autre avis, du 24 janvier 1863, le Conseil d'Etat a déclaré que les rentes achetées sur l'Etat avec les sommes provenant des libéralités connexes devaient être inscrites aux noms réunis de l'établissement ecclésiastique institué légataire et de l'établissement bénéficiaire qui aura le droit de toucher les arrérages, à la charge de les remettre, à chaque échéance, à l'établissement ecclésiastique, pour en faire l'emploi prescrit par le testateur.

Voici le texte de cet avis :

« Le Conseil d'Etat, qui, sur le renvoi ordonné par M. le ministre de l'instruction publique et des cultes, a pris connaissance d'un projet de décret tendant à autoriser :

1° L'acceptation du legs d'une somme de 25,000 francs fait par le sieur Rambaud au conseil presbytéral de l'église réformée de Châtillon (Drôme), pour être affecté au service des pauvres de ladite commune professant la religion évangélique protestante ;

« 2° L'emploi desdits 25,000 francs à l'achat d'une rente sur l'État ;

« Vu, etc. ;

« Considérant que, lorsque des dons et legs sont faits à une fabrique, à un consistoire, à une cure ou autres établissements religieux, sous la condition expresse que ces dons et legs seront affectés au soulagement des pauvres, ces derniers sont les vrais bénéficiaires de ces libéralités ;

« Que les établissements institués sont les intermédiaires appelés par la confiance du testateur ou du donateur à exécuter sa volonté ;

« Qu'aux termes de nos lois, le droit de représenter les pauvres appartient aux bureaux de bienfaisance ou aux maires, et, à Paris, à l'administration de l'assistance publique ;

« Considérant que, pour concilier ce principe avec le respect dû à la volonté du testateur, il y a lieu de faire simultanément accepter la libéralité par le représentant des pauvres et par l'établissement institué ;

« Que c'est sur ces bases que repose l'avis du Conseil d'Etat du 4 mars 1841, lequel indique la nécessité d'une acceptation conjointe en matière de dons et legs faits à des établissements intermédiaires, avec une affectation spéciale étrangère à leurs attributions ;

« Considérant, en ce qui touche *la garde et la possession du titre*, qu'il est juste de confier ce soin à l'établissement qui représente légalement les pauvres ;

« Que, par suite des considérations ci-dessus développées, le titre de propriété et l'immatriculation de la rente doivent également mentionner le nom de l'établissement institué et celui du bureau de bienfaisance ; mais que la possession du titre doit être réservée au représentant légal des pauvres, à la charge par ce dernier d'en remettre les arrérages à l'établissement institué, pour en faire l'emploi prescrit par le testateur,

« Est d'avis :

« Qu'il y a lieu, à l'avenir, d'autoriser l'acceptation du don ou legs et l'immatriculation conjointe, et, en général, l'inscription de la rente ou du titre de propriété, sous les noms réunis de l'établissement religieux institué et du bureau de bienfaisance ou du maire (à Paris, par l'administration de l'assistance publique);

« *Et spécialement*, en ce qui concerne l'emploi en une rente sur l'Etat de la somme de 25,000 francs, provenant du legs fait par le sieur Rambaud au conseil presbytéral de Châtillon (Drôme), à la condition, indiquée ci-dessus, de dire, dans le décret d'autorisation, qu'indépendamment de l'acceptation conjointe, l'immatriculation de la rente à acquérir sera faite au nom du bureau de bienfaisance de Châtillon et du conseil presbytéral de la même ville, et que les arrérages en seront touchés par ledit bureau, à la charge de les remettre, à chaque échéance, au conseil, qui en fera l'emploi prescrit par le testateur[1]. »

[1] Le ministre de l'intérieur a soumis récemment au Conseil-d'État la question suivante :

« L'avis du Conseil d'État du 24 janvier 1863, prescrivant la remise aux bureaux de bienfaisance des titres des rentes léguées à des établissements religieux pour les pauvres, constitue-t-il une règle absolue et d'ordre public applicable dans tous les cas, et même dans celui où le testateur aurait exprimé une intention contraire : par exemple, lorsqu'il a formellement prescrit que le titre de rente serait remis au curé chargé de distribuer les arrérages aux pauvres? »

Dans sa séance du 18 décembre 1867, le Conseil a émis sur cette question un avis ainsi conçu :

« Vu le testament de la demoiselle Pagelet, en date du 4 mars 1865,

Suivant un second avis du Conseil d'Etat, du 10 juin 1863, il y a lieu :

par lequel la testatrice a légué une somme de 4,000 francs aux pauvres des paroisses de Saint-Maclou, de Saint-Virieu, de Saint-Godard et de Saint-Sever, à Rouen, à raison de 1,000 francs pour chacune de ces quatre paroisses ; ledit testament portant, en outre, . cette clause : *Ces sommes seront employées, par les soins de mon exécuteur testamentaire, à l'achat de rentes sur l'État français, 3 pour 100, qui seront immatriculées au nom des pauvres de ces paroisses, et dont les titres seront remis à MM. les curés desdites paroisses, pour faire eux-mêmes la distribution à leurs pauvres desdites rentes, etc. »*

« Vu, etc. ;

« Considérant que lorsque des libéralités sont faites à des établissements religieux pour le soulagement des pauvres, la garde des titres de rente ou de propriété doit être confiée au bureau de bienfaisance, seul représentant des pauvres, aux termes de la loi ;

« Considérant que les mêmes raisons de décider se rencontrent dans l'espèce soumise au Conseil d'État, et qu'ainsi il y a lieu d'appliquer la même règle ;

« Qu'à la vérité, la demoiselle Pagelet, testatrice, a indiqué, dans ses dispositions, que la remise des titres de rente sera faite aux curés chargés d'en distribuer les arrérages aux pauvres ;

« Mais que la volonté de la testatrice n'a pu modifier les règles et les conditions que chaque établissement est tenu d'observer, afin de demeurer dans les limites de ses attributions, déterminées par la loi de son institution ;

« Que c'est par application de ce principe que les avis des 24 janvier et 10 juin 1863 et 22 novembre 1866 ont prescrit l'immatriculation conjointe des titres de rente, et, en outre, dans certains cas, la remise de ces mêmes titres à l'établissement civil, représentant légal des pauvres ;

« 1° D'autoriser *l'acceptation et l'immatriculation con-jointes* et, en général, l'inscription du titre de propriété, sous les noms réunis de l'établissement religieux institué et de la commune, quand il s'agit de dons et legs faits à des fabriques, consistoires, succursales, cures ou évêchés, sous la condition de fonder et entretenir des écoles, et de dons et legs faits à des communautés religieuses enseignantes, dûment autorisées, pour la fondation et l'entretien d'écoles devant avoir ou qui auraient le caractère d'écoles communales et publiques;

« Qu'au surplus, la demoiselle Pagelet n'a voulu, par la disposition précitée, qu'assurer la distribution, par les curés, des arrérages destinés aux pauvres, et que sa volonté, à cet égard, sera exécutée au moyen de la remise de ces arrérages que le bureau de bienfaisance sera tenu de faire aux curés, conformément auxdits avis;

« Considérant enfin que, pour que l'accomplissement de la volonté des testateurs soit complétement garantie, il convient de donner aux établissements religieux désignés le moyen de réclamer et d'obtenir les sommes dont la distribution leur est confiée; que, par suite, des copies certifiées des titres doivent leur être remises;

« Est d'avis :

« Qu'il y a lieu, dans l'espèce, par application des règles posées dans les avis du Conseil d'État des 24 janvier et 10 juin 1863 et 22 novembre 1866, de n'autoriser l'acceptation des legs dont il s'agit que sous la condition expresse que la garde et la conservation des titres de rente seront confiées au bureau de bienfaisance de Rouen, sauf toutefois l'obligation imposée à cet établissement : 1° de remettre les arrérages aux curés chargés d'en faire la distribution, et 2° de délivrer à ces derniers des copies certifiées du testament de la demoiselle Pagelet et des titres de rente. »

« 2° D'autoriser seulement l'*acceptation conjointe* par l'établissement institué et la commune, quand il s'agit de dons et legs faits à des communautés religieuses enseignantes, dûment autorisées, à la charge de fonder ou d'entretenir des écoles qui devraient avoir ou qui auraient le caractère d'écoles libres et privées. »

Dans ce dernier cas, l'immatriculation conjointe n'est pas la conséquence de l'acceptation simultanée, et la rente sur l'État doit être inscrite au nom seul de la congrégation religieuse qui, étant autorisée comme enseignante, a le droit d'ouvrir et de diriger des écoles privées.

La même exception a été étendue, par un avis du Conseil d'Etat du 29 juin 1864, à la congrégation dite des *Petites-Sœurs des Pauvres*[1].

---

[1] Cet avis est ainsi conçu :

« La section de l'intérieur, de l'instruction publique et des cultes, qui, sur le renvoi ordonné par M. le ministre de la justice et des cultes, a pris connaissance d'un projet de décret tendant notamment à autoriser la congrégation dite des *Petites-Sœurs des Pauvres* à accepter un legs d'une somme de 4,000 francs fait par la demoiselle Borgnis-Gallanty aux Petites-Sœurs de la paroisse Saint-Sulpice *pour la fondation d'un lit.*

« Vu le testament de la demoiselle Borgnis-Gallanty et son acte de décès ;

« Vu la pièce constatant le consentement des héritiers naturels de la testatrice ;

« Vu : 1° le décret du 9 janvier 1856, qui a autorisé la congrégation des Petites-Sœurs des Pauvres comme congrégation à supérieure générale ; 2° le décret du 3 mai 1860, qui a autorisé ladite

Enfin, le Conseil d'Etat, consulté sur la question de savoir à qui doivent être confiées la garde des titres de *propriété* et l'administration des biens immeubles et des rentes constituées légués à des établissements religieux, à charge de fonder ou d'entretenir des écoles, a émis, le 22 novembre 1866, l'avis que la jurisprudence adoptée par le Conseil, lorsqu'il s'agit de legs ne comprenant que des rentes sur l'Etat, doit également s'appliquer à des libéralités consistant en *immeubles* ou en rentes constituées. En effet, l'avis du 10 juin 1863 ayant pour but de concilier,

congrégation à fonder une maison de son ordre, à Paris, impasse Royer-Collard ;

« Vu les statuts de la congrégation ;

« Vu l'avis du conseil municipal tendant à autoriser les Petites-Sœurs des Pauvres à accepter seules le legs qui leur a été fait ;

« Vu l'avis du conseil de surveillance de l'administration générale de l'assistance publique, à Paris, et le rapport du directeur tendant, par application de l'avis du conseil d'État du 24 janvier 1863 :

« 1° A ce que l'administration générale de l'assistance publique soit autorisée à accepter ledit legs concurremment avec la congrégation instituée ;

« 2° A ce que la rente à acquérir soit immatriculée au nom de l'assistance publique et à ce que les arrérages seuls de celle-ci soient versés à la congrégation ;

« Vu les avis, dans le même sens, de M. le préfet de la Seine et de M. le ministre de l'intérieur ;

« Vu l'avis de M. le ministre de la justice et des cultes tendant à ce que la congrégation des Petites-Sœurs des Pauvres, en raison des reconnaissances légales dont elle a été l'objet et du caractère

autant que possible, les intentions des bienfaiteurs avec les dispositions des lois et règlements auxquels sont soumis les établissements religieux, la solution doit être indépendante de la nature des biens donnés ou légués.

charitable spécial des statuts, soit autorisée à accepter seule le legs qui lui est fait ;

« Ensemble les autres pièces du dossier ;

« Vu les avis du Conseil d'État des 4 mars 1841 et 24 janvier 1863 ;

« Vu l'avis du Conseil d'État du 10 juin 1863 ;

« Considérant que la congrégation des Petites Sœurs des Pauvres a capacité pour recevoir la libéralité dont il s'agit, puisqu'elle a été autorisée précisément pour recueillir et secourir les pauvres ;

« Que, dès lors, il n'y a pas lieu d'appeler pour l'habiliter aucun autre établissement, ni d'appliquer l'avis du 24 janvier 1863, notamment quant à *la garde et là possession du titre* ;

« Mais considérant que cette capacité ne saurait faire obstacle aux droits de surveillance dévolus par la loi aux autorités constituées par elle, conformes d'ailleurs à la jurisprudence du Conseil d'État formulée dans l'avis du 10 juin 1863, *en ce qui concerne les congrégations ou communautés religieuses enseignantes dûment autorisées* ;

« Est d'avis qu'il y a lieu d'autoriser la supérieure générale de la congrégation hospitalière des Petites-Sœurs des Pauvres et le directeur de l'administration de l'assistance publique, à Paris, à accepter le legs de 4,000 francs fait par la demoiselle Borgnis-Gallanty. »

Un décret a été rendu, le 17 septembre 1864, conformément à cet avis.

DROITS DE PLACE, ETC.

(Voir tome I, p. 326.)

L'article 1er (§§ 4 et 5) de la loi du 24 juillet 1867 attribue aux conseils municipaux le droit de régler par leurs délibérations le tarif des droits à percevoir dans les halles, foires et marchés, ainsi que les droits à percevoir pour permis de stationnement et de locations sur les rues, places et autres lieux dépendant du domaine public communal. En cas de désaccord entre le maire et le conseil municipal, la délibération ne sera exécutoire qu'après approbation du préfet.

Mais la loi précitée ne modifie pas la règle d'après laquelle ces mêmes tarifs doivent être soumis à l'approbation de l'autorité supérieure, quand il s'agit des ports, quais, rivières et autres lieux dépendant de la grande voirie, à raison des intérêts généraux qui se rattachent à la liberté du commerce et de la navigation, et que ces perceptions pourraient compromettre. (Circ. int., 3 août 1867.)

Ecoles. — Voir *Instruction primaire*.

EMPRUNTS.

(Voir tome I, p. 363).

L'article 3 de la loi du 24 juillet 1867 investit les conseils municipaux du droit de *régler* par un simple vote :

1° Dans la limite du maximum fixé, chaque année, par le conseil général, en exécution de l'article 4 de la loi du 18 juillet 1866, des contributions extraordinaires n'excédant pas 5 centimes pendant cinq ans, pour en appliquer le produit à des dépenses extraordinaires d'utilité communale ;

2° Les *emprunts* remboursables en cinq ans, sur le produit de ces 5 centimes, ou en douze ans sur les revenus ordinaires.

Les centimes communaux destinés aux dépenses annuelles obligatoires ou facultatives, ainsi que les centimes spéciaux votés en vertu des lois des 21 mai 1836 et 15 mars 1850, ne se confondront pas avec les centimes extraordinaires que les conseils municipaux pourront voter jusqu'à concurrence du maximum fixé par le conseil général.

On ne devra pas non plus considérer comme compris dans ce maximum les centimes extraordinaires et spéciaux destinés au service de l'instruction primaire, en vertu de la loi du 10 avril 1867 (art. 8), et ceux qui sont affectés par l'article 5 de la loi du 24 juillet 1867 aux dépenses des chemins vicinaux ordinaires. (Circ. int. 3 août 1867.)

L'article 5 de la loi du 24 juillet 1867 dispose que les conseils municipaux votent, sauf approbation du préfet :

1° les contributions extraordinaires qui dépasseraient 5 centimes, sans excéder le maximum fixé par le conseil général, et dont la durée ne serait pas supérieure à douze ans ; 2° les emprunts remboursables sur ces mêmes contributions extraordinaires ou sur les revenus ordinaires dans un délai excédant douze ans.

Les préfets doivent user des pouvoirs que leur confère l'article 5 avec toute la prudence que commande l'intérêt bien entendu des communes. Il importe que les emprunts communaux n'aient pour but que le payement de dépenses d'une nécessité incontestable; qu'ils soient toujours circonscrits dans les limites modérées et proportionnées surtout aux ressources disponibles, de manière à ne pas obérer les finances de la commune au préjudice des services municipaux les plus essentiels. A moins de circonstances exceptionnelles, le terme d'amortissement des emprunts, même remboursables sur les revenus ordinaires, ne doit pas excéder quinze ou vingt ans. (Circ. int., 3 août 1867.)

Les articles 40 et 41 de la loi du 18 juillet 1837 exigeaient l'intervention du Corps législatif pour toute demande d'emprunt formée par les communes ayant un revenu supérieur à 100,000 francs. L'article 7 de la loi du 24 juillet 1867, qui est le complément de l'article 5, dispose que tout emprunt remboursable sur ressources extraordinaires, dans un délai excédant douze années, sera autorisé par *décret*. Seulement, ce décret sera rendu en *conseil d'Etat* s'il s'agit d'une commune ayant un revenu supérieur à 100,000 francs.

Le recours à une loi ne sera nécessaire que lorsque la somme à emprunter dépassera un million, ou que, réunie au chiffre d'autres emprunts non encore remboursés, elle excédera ce chiffre. L'intervention du Corps législatif, en matière d'emprunt, n'est donc plus déterminée, comme d'après la loi de 1837, par le chiffre du revenu des communes, mais bien par l'importance de la somme à emprunter. (Circ. préc.)

Aucun emprunt ne peut être contracté par les villes ayant 3 millions de revenus, sans qu'elles y soient autorisées par une loi. (Loi du 24 juillet 1867, art. 17.)

Concours des plus imposés. — En vertu du deuxième paragraphe de l'article 6 de la loi du 24 juillet 1867, le concours des plus imposés est nécessaire pour le vote des contributions extraordinaires et des emprunts sur lesquels les conseils municipaux statuent directement ou sur lesquels ils délibèrent, sauf approbation des préfets.

Il semble qu'il était superflu d'inscrire dans la loi nouvelle cette disposition qui se borne à maintenir une règle déjà en vigueur ; mais le législateur a jugé utile de déterminer d'une manière précise dans quelles conditions s'exerceraient les pouvoirs nouveaux confiés aux conseils municipaux et aux préfets par les articles 3 et 5 de la loi. (Circ. 3 août 1867.)

Il faut, du reste, se garder de conclure de ce qui précède que le concours des plus imposés n'est plus exigé lorsqu'il s'agit des emprunts ou des impositions qui doivent être approuvés conformément à l'article 7. La loi nouvelle ne contenant aucune disposition relative à la forme des délibérations prises au sujet de ces actes, ils demeurent soumis aux règles établies par la loi du 18 juillet 1837, et l'intervention des plus imposés est nécessaire toutes les fois que la commune a moins de 100,000 francs de revenus ordinaires. (Circ. int., 3 août 1867.) — Voir *Impoitions*.

Emprunts déguisés. — Voir *Acquisitions*, p. 4.

Emprunts des hospices. — La loi du 24 juillet 1867 (art. 12) confie aux préfets le pouvoir d'autoriser les emprunts des établissements de bienfaisance communaux qui n'ont pas plus de 100,000 francs de revenus ordinaires, lorsque le terme de remboursement n'excédera pas douze ans, que la somme à emprunter ne dépassera pas le chiffre des revenus ordinaires et que l'avis du conseil municipal sera favorable.

Si l'une de ces trois conditions fait défaut, l'emprunt ne pourra être autorisé que par un décret. Le décret sera rendu en conseil d'Etat, si l'avis du conseil municipal est contraire ou s'il s'agit d'un établissement ayant plus de 100,000 francs de revenus, c'est-à-dire dont les revenus ordinaires auront atteint ce chiffre d'après les comptes administratifs des trois derniers exercices.

Enfin l'emprunt ne pourra être autorisé que par une loi lorsque la somme à emprunter dépassera 500,000 francs ou lorsque, réunie au chiffre d'autres emprunts non encore remboursés, elle excédera 500,000 francs.

La circulaire du 3 août 1867 recommande aux préfets d'apporter la plus grande circonspection dans l'instruction des demandes d'emprunts formées par des établissements de bienfaisance. Ces institutions n'ont pas, comme les communes, la faculté de se créer des ressources à l'aide d'impositions ou de taxes d'octroi. Les emprunts remboursables au moyen de l'aliénation d'une partie de la dotation sont presque toujours désastreux et entravent l'action des établissements par les sacrifices qu'impose leur amortissement. Il importe donc, en général, de ne les autoriser que pour une durée de *dix* à *douze ans* au plus et dans le cas où leur remboursement pourrait s'effectuer facilement sur les revenus ordinaires sans faire tort aux services charitables. (Circ. int. 3 août 1867.)

Toutes les fois que l'emprunt aura pour objet la construction l'agrandissement, ou la reconstruction des établissements, les préfets devront adresser au ministre de l'intérieur, avant de les approuver, les plans et devis des travaux. Le ministre les soumettra à l'examen du conseil des inspecteurs généraux des établissements de bienfaisance, dont les avis, inspirés par la connaissance approfondie des exigences du service charitable et de la situation même des établissements, seront si profitables aux commissions administratives.

Fabriques. — Voir *Souscriptions.*

Fournitures. — Voir *Travaux.*

GARDES CHAMPÊTRES.

(Voir tome II, p. 433).

Jusqu'ici les gardes champêtres étaient préposés spécialement à la garde des propriétés rurales ; ils n'avaient d'autres pouvoirs que de constater les contraventions et délits commis au préjudice de ces propriétés, et ils n'avaient pas qualité pour *constater* d'autres délits ou contraventions, par exemple, sur la fermeture des cabarets et autres lieux publics. Mais l'article 20 de la loi du 24 juillet 1867 dispose que les gardes champêtres seront chargés désormais de rechercher, chacun dans le territoire pour lequel il est assermenté, les contraventions aux règlements de la *police municipale*. Ils dressent des procès-verbaux pour constater ces contraventions.

D'un autre côté, en vertu de l'article 19 de la loi du 21 avril 1832, les impositions destinées au payement du traitement des gardes champêtres étaient établies uniquement sur la contribution foncière [1]. Mais cet article a été

---

[1] M. le ministre de l'intérieur, appelé à se prononcer sur une demande tendant à *imposer d'office* une commune pour acquitter le salaire d'un garde champêtre, a déclaré que, les gardes champêtres étant des *agents communaux*, si leurs services ne sont pas appréciés par les véritables représentants de la commune, c'est-à-dire par les conseils municipaux, le pouvoir central paraîtrait mal fondé à user des moyens coercitifs pour leur imposer une institution qu'ils repoussent. En droit strict, l'autorité supérieure pourra

abrogé par la loi du 31 juillet 1867, portant fixation du budget des recettes et des dépenses de l'exercice 1868. Aux termes de l'article 16 de cette dernière loi, les impositions pour le traitement du garde champêtre seront votées conformément à l'article 42 de la loi du 18 juillet 1837, c'est-à-dire avec le concours des plus imposés, et porteront sur les *quatre contributions directes*.

sans doute, avoir recours aux moyens d'exécution que fournissent les articles 30 et 39 de la loi du 18 juillet 1837, en ce qui concerne le caractère obligatoire et la quotité de la dépense, mais il faut n'user de ce droit qu'avec une prudente réserve, après avoir épuisé tous les moyens de persuasion et alors que de graves intérêts seraient en jeu.

M. le ministre a ajouté que l'administration préfectorale doit s'abstenir de poursuivre l'établissement des gardes champêtres dans chaque commune du département, avec la pensée de compléter l'institution par la création de brigadiers gardes champêtres. L'embrigadement, essayé dans quelques départements, paraît une mauvaise mesure, d'abord parce qu'il soustrait à l'autorité du pouvoir municipal la garde rurale, à laquelle la législation a voulu donner un caractère essentiellement municipal ; en second lieu, parce qu'il crée un nouveau rouage d'une utilité fort contestable et qu'il produira forcément, au chef-lieu de canton, une cause nouvelle de conflit, par la rivalité inévitable du brigadier garde champêtre et du brigadier de gendarmerie.

Dans l'état actuel de la législation, les gardes champêtres sont placés sous l'autorité du commissaire de police, qui relève lui-même des maires, du procureur impérial et du sous-préfet. Cette distinction suffit parfaitement ; elle assure l'action du pouvoir central, sans porter atteinte aux droits des maires. (Bull. off. int.; 1866, p. 437.)

C'est là une modification qui trouve sa justification dans l'article 20 de la loi du 24 juillet 1867. En les autorisant à constater désormais toutes les contraventions aux règlements de police municipale, cet article cesse de restreindre leurs fonctions à la protection des propriétés foncières. Il est donc équitable de faire peser sur tous les contribuables de la commune une dépense qui intéresse la généralité des habitants. (Circ. int., 3 août 1867.)

Les conseils municipaux ne doivent pas se borner à voter une somme fixe pour le salaire du garde champêtre, ils doivent, en outre, préciser le nombre des centimes qu'ils auront à voter en vue de satisfaire à la dépense.

IMPOSITIONS.

(Voir tome II, p. 455).

Il est imposé, chaque année, dans toutes les communes, à l'exception de celles qui ont déclaré que cette imposition leur était inutile, 5 *centimes additionnels affectés aux dépenses communales ordinaires.*

Les communes peuvent, si les centimes additionnels ordinaires et leurs autres revenus sont insuffisants pour faire face aux dépenses d'une utilité reconnue, s'imposer, en outre, un nombre de centimes additionnels proportionnés aux besoins; mais, sauf des cas très-rares et tout à fait exceptionnels, ces impositions ne doivent pas, aux termes des instructions du ministère de l'intérieur, excéder 20 centimes du principal des contributions, non compris les centimes additionnels affectés au traitement des gardes champêtres, non plus que les centimes qui se rapportent, soit aux *dépenses obligatoires*, soit aux *dépenses annuelles facultatives*. (Circulaire du ministère des finances du 10 avril 1868, modifiant divers articles de l'instruction générale du 20 juin 1859.)

Enfin les communes sont tenues de s'imposer, en cas d'insuffisance de leurs ressources, les centimes additionnels nécessaires pour les *dépenses de l'instruction primaire* et pour les *dépenses des* CHEMINS VICINAUX. Le maximum de ces impositions est fixé à 3 *centimes* pour les dépenses de l'*instruction primaire*, par la loi du 15 mars 1850, et à 5 *centimes* pour les dépenses des *chemins vicinaux*, par la loi du 21 mai 1836; elles ne sont pas comprises non plus dans le maximum déterminé ci-dessus pour les centimes facultatifs affectés aux autres dépenses communales.

Ces impositions peuvent, à défaut du vote des conseils municipaux, être établies *d'office* par décret impérial pour la première nature des dépenses et par arrêtés des préfets pour la deuxième. (Circ. préc.)

Les centimes communaux *ordinaires* portent sur les contributions *foncière* et *personnelle mobilière*. Toutes les autres impositions communales sont établies additionnellement aux *quatre contributions directes*.

Les centimes additionnels imposés dans plusieurs localités pour subvenir aux frais de *bourses et chambres de commerce*, ne portent que sur quelques classes de contribuables. (Circ. préc.)

Aux termes de l'article 3 de la loi du 24 juillet 1867, les conseils municipaux *règlent* par un simple vote, et dans la limite du maximum fixé chaque année par le conseil général, lequel ne peut excéder 20 centimes (loi du 18 juillet 1866, art. 4) des contributions extraordinaires n'excédant pas 5 *centimes pendant cinq ans*, pour en affecter le produit à des dépenses extraordinaires d'utilité communale, soit obligatoires, soit facultatives. (Loi du 24 juillet 1867; circ. int., 3 août 1867; circ. fin., 10 avril 1868.)

Nous avons déjà dit qu'on ne doit pas comprendre dans le maximum fixé par le conseil général les centimes extraordinaires et spéciaux que les conseils municipaux *peuvent* voter, jusqu'au maximum de 4, pour assurer la gratuité de l'enseignement (art. 8 de la loi du 10 avril 1867 [1]),

---

[1] Aux termes de l'article 8 de la loi du 10 avril 1867, toute commune qui veut profiter de la loi nouvelle pour établir la gratuité complète dans ses écoles peut voter, à cet effet, en sus des 3 centimes spéciaux, 4 centimes additionnels extraordinaires.

Il doit être bien entendu que ces 4 centimes additionnels autorisés par la loi elle-même sont complétement en dehors du nombre maximum de centimes communaux extraordinaires que fixe, chaque année, le conseil général, en vertu de l'article 4 de la loi du 28 juillet 1866 sur les conseils généraux. Cet article 4 parle, en effet, des centimes affectés à des dépenses extraordinaires et autorisés dans les conditions de droit commun. L'article 8 de la loi du 10 avril 1867, au contraire, crée une catégorie toute spéciale de

ni les 3 centimes exclusivement affectés aux chemins vicinaux ordinaires par l'article 5 de la loi du 24 juillet 1867. A la différence de ceux dont il est question ci-dessus, ces centimes ont un caractère purement facultatif.

En cas de désaccord entre le maire et le conseil municipal, la délibération n'est exécutoire qu'après approbation du préfet. (Loi du 24 juillet 1867, art. 5.) Lorsqu'il n'y a pas dissentiment entre le maire et le conseil municipal, la délibération, qui doit être immédiatement adressée au sous-préfet, est exécutoire si, dans les trente jours

centimes extraordinaires affectés à une dépense ordinaire et autorisés d'avance,. d'une manière générale, par la loi, dans la même forme que les centimes spéciaux.

Cette distinction est consacrée par le texte même de la loi des finances de 1868. L'état B annexé à cette loi, et à la seconde partie duquel se réfère son article 9, qui autorise la perception des centimes additionnels affectés aux dépenses départementales et spéciales, porte en effet ce qui suit :

« Fonds pour dépenses communales ;

« . . . .

« Centimes pour dépenses extraordinaires..... (approuvés par des actes du gouvernement, par des arrêtés des préfets, ou votés par les conseils municipaux, dans la limite du maximum fixé par le conseil général.)

« Centimes pour dépenses de l'instruction primaire. { Autorisés par la loi du 15 mars 1850 (maximum 3 centimes). Autorisés par l'article 8 de la loi du 10 avril 1867 (maximum 4 centimes). »

(Circ. du min. de l'instr. publ., 2 août 1867.)

qui suivront l'accusé de réception de la délibération par le sous-préfet, le préfet ne l'a pas annulée, soit d'office pour violation de la loi ou d'un règlement d'administration publique, soit sur la réclamation de toute partie intéressée. Toutefois le préfet peut en suspendre l'exécution pendant un autre délai de trente jours. (Loi du 24 juillet 1867, art. 6 ; circ. int., 3 août 1867 ; circ. fin., 10 avril 1868.)

Les conseils municipaux votent, conformément à l'article 42 de la loi du 18 juillet 1837, et sauf approbation du préfet, les contributions extraordinaires pour dépenses obligatoires ou facultatives qui *dépasseraient 5 centimes, sans excéder le maximum fixé par le conseil général et dont la durée ne serait pas supérieure à douze ans.* (Loi du 24 juillet 1867, art. 5.)

Toute contribution extraordinaire dépassant la limite fixée par le conseil général est autorisée par décret impérial. (Loi préc., art. 7.)

Toutefois il appartient au préfet, même au-dessus de ce maximum, et en vertu de l'article 40 de la loi du 18 juillet 1837, d'approuver dans les communes ayant moins de 100,000 francs de revenus les impositions extraordinaires destinées au payement des *dépenses obligatoires.* Ces impositions sont approuvées, dans les communes dont le revenu est supérieur à 100,000 francs, par un décret impérial. (Circ. int., 3 août 1867 ; cir. fin., 10 avril 1868.)

Aucune imposition extraordinaire ne peut être établie dans les villes de Paris et de Lyon sans qu'elles y aient été autorisées par une loi. (Loi du 24 juillet 1867, art. 17.)

Si les conseils municipaux n'ont pas alloué de fonds pour une *dépense déclarée obligatoire* par la loi, il peut être pourvu à la dépense au móyen d'une contribution extraordinaire *établie d'office* par un décret. Cette contribution ne doit pas excéder le maximum de 10 *centimes*, à moins qu'il ne s'agisse de l'acquit de dettes résultant de condamnations judiciaires, auquel cas elle peut être élévée jusqu'à 20 *centimes*.

Les *forêts* et les *bois de l'État* acquittent les centimes *ordinaires* et *extraordinaires* affectés aux dépenses des communes dans la proportion de la moitié de leur valeur imposable, sans préjudice de la disposition de l'article 13 de la loi du 21 mai 1836, de l'article 3 de la loi du 12 juillet 1865, et du deuxième § de l'article 3 de la loi du 24 juillet 1867. (Circ. fin., 10 avril 1868.)

Lorsque les conseils municipaux votent des impositions extraordinaires, ils doivent indiquer à la fois la quotité de centimes dont le produit doit faire face à la dépense votée par eux et la somme correspondante à la quotité de ces centimes. Ce mode de procéder, en assurant une double base aux votes d'impositions, facilitera le contrôle avant que les délibérations des conseils municipaux ne soient transmises au directeur des contributions directes. (Circ. int., 16-23 septembre et 26 novembre 1867.)

Concours des plus imposés. — (Voir *Emprunts*, p. 84).

La loi du 24 juillet 1867 ayant augmenté, dans une large mesure, les attributions des conseils municipaux en matière d'impositions et modifié les conditions auxquelles l'approbation de ces impositions était subordonnée en vertu de la loi du 18 juillet 1837, M. le ministre de l'intérieur, en vue de faciliter l'application des principes qui doivent guider à l'avenir les administrations locales, a fait dresser un tableau qui est annexé à la circulaire du 27 août 1867.

Ce tableau contient l'énumération des centimes soit ordinaires, soit spéciaux, soit extraordinaires, dont le recouvrement alimente les recettes des budgets communaux, l'indication des cas où le concours des plus imposés est nécessaire pour régulariser le vote des conseils municipaux et de ceux où les impositions rentreront dans le maximum à fixer chaque année par les conseils généraux ; enfin la désignation des autorités compétentes pour approuver les différentes impositions.

FORMALITÉS AUXQUELLES EST SOUMIS LE VOTE DES DIVERSES IMPOSITIONS COMMUNALES.

I. Centimes sans affectation spéciale destinés aux dépenses annuelles.

1° *Centimes ordinaires.* (5 centimes additionnels au principal de la contribution foncière et de la contribution personnelle mobilière, autorisés par les lois des 11 frimaire an VII, et 15 mai 1818, art. 31.)

Ces centimes n'exigent pas le concours des plus imposés et ne sont pas compris dans le maximum à fixer par les conseils généraux en vertu de la loi du 18 juillet 1866, art. 4. Ils sont votés directement par le conseil municipal dans la limite du maximum fixé par la loi.

2° *Centimes pour dépenses annuelles obligatoires*, en cas d'insuffisance de revenus. (Loi du 18 juillet 1837, art. 40.) — Ils doivent être votés avec le concours des plus imposés. (Loi du 18 juillet 1837, art. 42.) Ils ne sont pas compris dans le maximum à fixer par le conseil général. (Circ. des 5 mai 1852 et 3 août 1867.) Ces centimes sont approuvés par les préfets pour les communes ayant moins de 100,000 francs de revenus, et par décret pour les communes ayant plus de 100,000 francs de revenus. (Loi du 18 juillet 1837, art. 40.)

3° *Centimes pour dépenses annuelles facultatives.* Insuffisance de revenus. Loi du 18 juillet 1837, art. 40.) —Ils doivent être votés avec le concours des plus imposés. (Loi du 18 juillet 1837, art. 42.) Ils ne sont pas compris dans le maximum à fixer par le conseil général. (Circ. des 5 mai 1852 et 3 août 1867.) Ces centimes sont approuvés par décret pour les communes ayant moins de 100,000 francs de revenus et par décret en conseil d'État pour les communes ayant plus de 100,000 francs de revenus. (Loi du 24 juillet 1867, art. 7.)

II. Centimes spéciaux.

1° *Centimes spéciaux pour les chemins vicinaux.* (5 centimes additionnels au principal des quatre contributions directes autorisés par la loi du 21 mai 1836, art. 2.) — Ils sont votés sans le concours des plus imposés (loi du 21 mai 1836, art. 2) et ne sont pas compris dans le maximum à fixer par les conseils généraux. (Circ. des 5 mai 1852 et 3 août 1867.) Ces centimes sont votés directement par le conseil municipal dans la limite du maximum fixé par la loi.

2° *Centimes extraordinaires pour les chemins vicinaux ordinaires.* (3 centimes additionnels au principal des quatre contributions directes, autorisés par la loi du 24 juillet 1867, art. 3.) — Ils doivent être votés avec le concours des plus imposés. (Loi du 24 juillet 1867, art. 6.) Ces centimes ne sont pas compris dans le maximum à fixer par les conseils généraux et sont votés directement par le conseil municipal, avec l'adjonction des plus imposés, dans la limite du maximum fixé par la loi.

3° *Centimes spéciaux pour l'instruction primaire.* (3 centimes additionnels aux quatre contributions directes, autorisés par la loi du 15 mars 1850, art. 40.) — Ils sont votés sans le concours des plus imposés (loi du 15 mars 1850, art. 40) et ne sont pas compris dans le maximum à fixer par les conseils généraux. (Circ. des 5 mai 1852 et 3 août 1867.) Ces centimes sont votés directement par le conseil municipal dans la limite du maximum fixé par la loi.

4° *Centimes extraordinaires pour la gratuité de l'instruction primaire.* (4 centimes autorisés par la loi du 10 avril 1867, art. 8.) — Ils doivent être votés avec le concours des plus imposés. (Loi du 18 juillet 1837, art. 42, et circulaire du 3 août 1867.) Ces centimes ne sont pas compris dans le maximum à fixer par le conseil général (circ. du 3 août 1867) et sont votés directement par le conseil municipal, avec l'adjonction des plus imposés, dans la limite du maximum fixé par la loi.

5° *Centimes spéciaux pour le traitement des gardes champêtres.* (Additionnels au principal des quatre contributions directes, autorisés par la loi de finances du 31 juillet 1867, art. 16.) — Ils doivent être votés avec le concours des plus imposés (loi du 31 juillet 1867, art. 16) et ne sont pas compris dans le maximum à fixer par les conseils généraux. (Circ. des 5 mai 1852 et 3 août 1867.) Ces centimes sont votés directement par le conseil municipal, avec l'adjonction des plus imposés.

III. Centimes sans affectation spéciale, destinés à pourvoir aux dépenses non annuelles.

1° *Centimes extraordinaires pour dépenses obligatoires non annuelles,* autorisés par les lois des 18 juillet 1837, art. 40; 18 juillet 1866, art. 4; et 24 juillet 1867, art. 3, 5 et 7. — Ces centimes doivent être votés avec le concours des plus imposés. (Loi du 18 juillet 1837, art. 42; loi du

24 juillet 1867, art. 6). Ils sont compris dans le maximum à fixer par les conseils généraux (Circ. du 3 août 1867) et sont approuvés, savoir : par le conseil municipal jusqu'à concurrence de 5 centimes pendant cinq ans (loi du 24 juillet 1867, art. 3) ; par le préfet, si l'imposition, votée pour douze ans au plus, ne dépasse pas le maximum fixé par le conseil général (loi du 24 juillet 1867, art. 5). — Au-dessus du maximum et pour une durée supérieure à douze ans, ces centimes sont approuvés par le préfet pour les communes ayant moins de 100,000 francs de revenus, et par décret pour les communes ayant plus de 100,000 francs de revenus. (Loi du 18 juillet 1837, art. 40.)

2° *Centimes extraordinaires pour dépenses facultatives non annuelles,* autorisés par les lois des 18 juillet 1837, art. 40 ; 18 juillet 1866, art. 4 ; et 24 juillet 1867, art. 3, 5 et 7. — Ces centimes doivent être votés avec le concours des plus imposés. (Loi du 18 juillet 1837, art. 42 ; loi du 24 juillet 1867, art. 6.) Ils sont compris dans le maximum fixé par le conseil général (Circ. du 3 août 1867) et sont approuvés, savoir : par le conseil municipal jusqu'à concurrence de 5 centimes pendant cinq ans (loi du 24 juillet 1867, art. 3), par le préfet, si l'imposition, votée pour douze ans au plus, ne dépasse pas le maximum fixé par le conseil général (loi du 24 juillet 1867, art. 5) ; — au-dessus de ce maximum et pour une durée supérieure à douze ans, ces centimes sont approuvés par décret pour les communes ayant moins de 100,000 francs de revenus (loi du 18 juillet 1837), et par un décret en Conseil d'État pour les commues ayant un revenu supérieur à 100,000 francs. (Loi du 24 juillet 1867, art. 7.) — Voir *Travaux*.

IV. Impositions d'office.

Centimes imposés d'office pour dépenses obligatoires en cas de refus des conseils municipaux, autorisés par la loi du 18 juillet 1837, art. 39. Ils doivent être votés avec le concours des plus imposés (loi du 18 juillet 1837, art. 42) et ne sont pas compris dans le maximum à fixer par les conseils généraux. (Circ. du 5 mai 1852.) Ces centimes sont imposés par décret dans la limite du maximum fixé par la loi de finances et par une loi au-dessus de ce maximum. (Loi du 18 juillet 1837, art. 39.)

Plusieurs préfets, se fondant sur ce que les articles 3 et 5 de la loi du 24 juillet 1867 confèrent aux conseils municipaux et à l'autorité préfectorale le droit d'approuver, dans des limites déterminées, les contributions extraordinaires votées pour des dépenses extraordinaires d'utilité publique, ont demandé si dorénavant les préfets ne seraient pas compétents pour autoriser les centimes destinés à parer à l'insuffisance des revenus annuels et qui, dans bien des communes, sont une ressource indispensable pour assurer la marche des différents services municipaux.

M. le ministre de l'intérieur reconnaît, dans la circulaire du 27 août 1867, que l'objection est sérieuse. On peut prétendre, en effet, que la nouvelle loi, en étendant les attributions des conseils municipaux et des préfets en matière d'impositions extraordinaires, aurait dû, à plus forte raison, augmenter leurs pouvoirs respectifs en ce qui touche les impositions destinées aux *dépenses facultatives annuelles*. Mais il faut reconnaître, d'un autre côté, que la loi est muette sur ce point, et qu'en même temps elle limite expressément les dispositions de l'article 3 aux centimes votés pour *dépenses extraordinaires* d'utilité communale. Elle paraît donc avoir laissé implicitement en vigueur les dispositions de la loi du 18 juillet 1837 (art. 40). Le ministre de l'intérieur a été amené à en conclure que les centimes votés chaque année par les conseils municipaux pour faire face, par suite de l'insuffisance de leurs revenus, aux dépenses facultatives annuelles continueront, comme par le passé, à être autorisés par décret, et qu'il convient de se conformer, à cet égard, aux règles tracées par la circulaire du 13 décembre 1842. (Circ. int. 27 août 1867.)

L'anomalie apparente que présente cette interprétation de la loi peut d'ailleurs se justifier par deux raisons : le vote des centimes extraordinaires pour suppléer à l'insuffisance des revenus ordinaires de la commune est l'indice d'une situation exceptionnelle et fâcheuse sur laquelle il n'est pas sans intérêt d'appeler l'attention du gouvernement. En outre, on peut s'expliquer que le législateur ait entendu réserver à l'administration supérieure l'approbation d'impositions extraordinaires qui ne sont pas limitées à un maximum, comme celles que les conseils municipaux sont appelés à voter par application des articles 3 et 5 de la nouvelle loi. La nécessité d'une approbation, dans ce cas, remplace la garantie qui résulte, dans l'autre cas, de la fixation du maximum. (Circ. préc.)

Le ministre ajoute qu'il est d'ailleurs disposé à tenir grand compte des observations qui lui ont été présentées à ce sujet, et qu'il a l'intention d'étudier la question de savoir s'il ne conviendrait pas, pour répondre à des besoins constatés dans un grand nombre de communes, soit d'augmenter la quotité des centimes ordinaires fixée chaque année dans la loi de finances, soit de supprimer ou tout au moins de simplifier la formalité de l'autorisation, soit enfin de charger les conseils généraux de fixer un maximum spécial pour les impositions dont il s'agit. (Circ. préc.)

IMPRIMÉS.

Une circulaire du ministre de l'intérieur en date du 17 janvier 1837 avait établi une nomenclature des imprimés nécessaires au service des receveurs municipaux et hospitaliers, dont la dépense devait être supportée soit par les comptables, soit par les communes ou les établissements eux-mêmes. Mais cette nomenclature est devenue incomplète et insuffisante aujourd'hui que le nombre de ces imprimés se trouve sensiblement augmenté par la modification et l'accroissement des divers services.

Afin d'édifier plus complétement les comptables ainsi que les administrations municipales et hospitalières sur leurs obligations respectives, M. le ministre des finances a arrêté, le 1er décembre 1866, de concert avec M. le ministre de l'intérieur, une nouvelle nomenclature, plus précise et plus détaillée, que nous reproduisons ci-dessous, et qui désigne tous les imprimés dont les frais d'impression doivent être supportés par les comptables comme *charge d'emploi;* tous les autres restent de droit à la charge des communes ou des établissements.

Les administrations municipales conservent, au surplus, la faculté d'inscrire au budget de la commune la dépense des imprimés désignés dans la nomenclature, lorsque, pour accorder quelque avantage particulier à un comptable méritant, elles veulent l'exonérer de la dépense de ceux des imprimés dont il doit, en principe, supporter les frais. Mais, dans ce cas, on exige : 1° que, par un vote régulièrement exprimé et approuvé par le préfet, le conseil municipal ou la commission administrative manifeste l'intention formelle de faire supporter la dépense par la commune ou l'établissement; 2° que ce vote soit, au besoin, renouvelé chaque année; 3° que l'exonération accordée aux receveurs s'applique exclusivement aux imprimés compris dans la nouvelle nomenclature.

Nomenclature des imprimés à l'usage des receveurs de communes et d'établissements de bienfaisance, et dont la dépense est à leur charge. (Annexée à la circulaire du ministre des finances du 1er décembre 1866.)

Livre des comptes divers par service.
Journal général (receveurs spéciaux).
Grand-livre (receveurs spéciaux).

Balance des comptes du grand-livre (receveurs spéciaux).

Carnet des ordonnances de dégrèvements sur contributions directes et sur produits communaux.

Livre de détail des recettes et dépenses pour commune.

Livre de détail des recettes et dépenses pour bureau de bienfaisance.

Livre de détail des recettes et dépenses pour hospice.

Livre de détail des recettes et dépenses de l'octroi.

Livre de détail des recettes et dépenses pour la réparation des chemins vicinaux.

Carnet des rentes et créancés à recouvrer pour le compte d'hospices et d'établissements de bienfaisance situés hors de l'arrondissement de perception.

Carnet des titres de recettes appartenant au service municipal et des dépenses à payer en plusieurs années pour le même service.

Livre de détail pour les recettes et dépenses de la rétribution scolaire.

Livre de détail pour la taxe sur les chiens.

Bordereau de situation sommaire.

État annexe au bordereau de situation sommaire au 31 décembre.

État de situation au 31 mars.

Décompte des remises à allouer au receveur municipal.

Note de renseignements à annexer à chaque titre de recettes des communes et établissements publics.

Bordereau détaillé des recettes et dépenses.

Procès-verbal de clôture des registres au 31 décembre.

Bordereau trimestriel des sommes acquises et des retenues acquises au Trésor sur émoluments des instituteurs.

Extrait détaillé du rôle des prestations à acquitter en nature.

Extrait détaillé du rôle des prestations à acquitter en argent.

État des taxes indûment imposées (prestations pour chemins vicinaux et taxe municipale sur les chiens).

État des taxes irrécouvrables (idem).

État des taxes indûment imposées concernánt la rétribution scolaire.

Décompte des remises pour la confection de l'état matrice de la taxe sur les chiens.

Comptes de gestion.

État des restes à payer à la fin de l'exercice.

État des restes à recouvrer à la fin de l'exercice.

État des propriétés, rentes et créances.

État annexe à l'état des propriétés, expliquant la différence d'un même produit entre deux exercices.

Décompte à établir pour les ventes et cessions d'immeubles communaux.

Décompte pour l'acquisition d'immeubles communaux.

Décompte pour les constructions et grosses réparations.

État présentant l'extrait des titres de perception connus au 31 décembre, à produire à l'appui de la recette de la deuxième partie du compte.

État des redevables à poursuivre par voie de garnison collective ou de commandement en matière de produits communaux assimilés aux contributions directes.

INSTRUCTION PRIMAIRE.

(Voir tome II, p. 480).

Aux termes de la loi du 10 avril 1867, toute commune de cinq cents habitants et au-dessus est tenue d'avoir au moins une école publique de filles, si elle n'en est pas dispensée par le conseil départemental en vertu de l'article 15 de la loi du 15 mars 1850[1].

[1] En principe, il est à désirer que toutes les communes aient une

Dans toute école mixte tenue par un instituteur, une femme nommée par le préfet, sur la proposition du maire, est chargée de diriger les travaux à aiguille des filles. Son traitement est fixé par le préfet sur l'avis du conseil municipal. (Loi du 10 avril 1867, art. 1er.)

Le nombre des écoles publiques de garçons ou de filles à établir dans chaque commune est fixé par le conseil départemental, sur l'avis du conseil municipal. Le conseil départemental détermine les écoles publiques de filles auxquelles, d'après le nombre des élèves, il doit être attaché une institutrice adjointe. Ce conseil détermine, en outre, sur l'avis du conseil municipal, les cas où, à raison des circonstances, il peut être établi une ou plusieurs écoles de hameau [1] dirigées par des adjoints ou des adjointes. (Loi préc., art. 2.)

école spéciale à chaque sexe ; mais la loi n'a pas cru pouvoir imposer cette obligation aux communes qui ont moins de cinq cents âmes. Cette limite se justifie par deux motifs : 1° les communes au-dessous de cinq cents âmes fourniraient un si petit nombre d'enfants à chaque école que la classe, partagée en plusieurs divisions, comme l'exigent non-seulement les règlements, mais l'âge même des enfants, serait privée de toute émulation et que l'enseignement y deviendrait presque individuel ; 2° les dépenses d'une telle organisation, qui retomberaient, en grande partie, à la charge des départements et de l'État, absorberaient sans utilité réelle des ressources qui doivent être mieux employées. (Circ. du min. de l'instr. publ., 12 mai 1867.)

[1] Une école de hameau, qui sera presque toujours mixte et peu nombreuse, se prêtera à toutes les formes d'organisation. Il est

Toute commune doit fournir à l'institutrice, ainsi qu'à l'instituteur adjoint et à l'institutrice adjointe dirigeant une école de hameau, un local convenable, tant pour leur habitation que pour la tenue de l'école, le mobilier de classe et un traitement. Elle doit fournir à l'adjoint et à l'adjointe un traitement et un logement. (Loi préc., art. 5.)

Les institutrices communales sont divisées en deux classes. Le traitement de la première classe ne peut être infé-

sans doute à désirer qu'elle puisse être ouverte toute l'année dans les mêmes conditions que les écoles ordinaires; mais il faudra se garder de repousser les combinaisons qui s'éloigneraient du règlement des écoles, et que de véritables nécessités commanderaient. Ainsi l'école du hameau pourra être tenue par une femme ou par un homme. Ici, elle ne sera ouverte qu'à telles ou telles heures de la journée; là, que pendant telle ou telle partie de l'année. Le but que la loi se propose n'est pas d'établir une uniformité impossible, mais de mettre à la disposition des familles des moyens certains d'instruction. Dans quelques départements où la population des hameaux abandonne presque tout entière la plaine pour se retirer l'été dans les montagnes avec les troupeaux, l'instituteur suit la population et réunit où il peut, et comme il peut, à de certaines heures, les enfants pour leur donner les leçons dont ils ont besoin. Il y a certes dans cet arrangement, dans cette classe en quelque sorte vagabonde, une déviation considérable de la règle ordinaire; mais, loin de blâmer cet état de choses, on doit au contraire s'en féliciter, puisque autrement les enfants seraient totalement privés d'instruction. Les diverses combinaisons auxquelles on pourra s'arrêter seraient mauvaises, pour la plupart, dans les centres où une école régulière peut être tenue; mais dans les hameaux éloignés, privés de voies de communication, elles deviendront un véritable bienfait. (Circ. du min. de l'instr. publ., 12 mai 1867.)

rieur à cinq cents francs, et celui de la seconde à quatre cents francs. (*Idem.*, art. 4.)

Les instituteurs adjoints sont divisés en deux classes. Le traitement de la première classe ne peut être inférieur à cinq cents francs, et celui de la seconde à quatre cents francs. Le traitement des institutrices adjointes est fixé à trois cent cinquante francs. Le traitement des adjoints et adjointes tenant une école de hameau est déterminé par le préfet sur l'avis du conseil municipal et du conseil départemental. (*Idem.*, art. 5.)

Dans le cas où un ou plusieurs adjoints ou adjointes sont attachés à une école, le conseil départemental peut décider, sur la proposition du conseil municipal, qu'une partie de la rétribution scolaire servira à former leur traitement. (*Idem.*, art. 6.)

Une indemnité fixée par le ministre de l'instruction publique, après avis du conseil municipal et sur la proposition du préfet, peut être accordée annuellement aux instituteurs et institutrices dirigeant une école communale d'adultes payante ou gratuite, établie en conformité du paragraphe 1er de l'article 2 de la présente loi. (*Idem.*, art. 7 [1].)

---

[1] La loi a voulu tout à la fois assurer aux maîtres une récompense bien méritée et faire des cours d'adultes, dont l'existence avait été jusque-là si précaire, l'objet d'une institution permanente, destinée à compléter l'œuvre de l'école du jour et assimilée, au point de vue financier, à l'ensemble des services scolaires. Par son article 7, la loi a décidé qu'une indemnité pourrait être accordée par le ministre de l'instruction publique, sur la proposition du préfet, après avis du conseil municipal, aux instituteurs qui diri-

Toute commune, qui veut user de la faculté accordée par le paragraphe 3 de l'article 36 de la loi du 15 mars 1850 d'entretenir une ou plusieurs écoles entièrement gratuites, peut, en sus de ses ressources propres et des

gent des classes du soir. Tout en soutenant ainsi les cours d'adultes, la loi conserve à leurs directeurs la liberté qui a donné à cette grande œuvre des deux dernières années son caractère de spontanéité. Elle ne contraint pas les instituteurs : elle se borne à aider eur initiative et celle des communes. La quotité de l'indemnité accordée pourra dépendre du crédit alloué par le budget aux besoins de l'instruction primaire. Sans prétendre payer un dévouement qui cherche avant tout sa récompense dans la conscience du devoir accompli et dans l'estime publique, M. le ministre de l'instruction publique espère que les efforts combinés des particuliers, des communes, des départements et de l'État, prouveront aux directeurs des cours d'adultes que, dans notre état social, une bonne action se trouve souvent avoir été encore un bon calcul. Si l'indemnité qui sera allouée aux instituteurs ne compense pas complétement les peines qu'ils se seront donnés, il leur restera la satisfaction de savoir que la société demeure leur obligée. Ce sentiment les soutiendra dans la continuation de leur œuvre excellente.

Il est dit dans l'article 7 que des indemnités pourront être accordées aux instituteurs et institutrices dirigeant une classe communale d'adultes, établie en conformité du paragraphe 1er de l'article 2 de la loi. Or ce paragraphe 1er porte que le nombre des écoles à établir dans une commune sera fixé par le conseil départemental sur l'avis du conseil municipal. Il importera donc que les cours d'adultes dont il s'agira d'indemniser les directeurs aient été ouverts en vertu d'une délibération du conseil municipal et d'une décision du conseil départemental ; en un mot, que ce cours ait un caractère d'institution communale. (Circ. du min. de l'instr. publ., 12 mai 1867.)

L'État ne pourrait prendre l'engagement de contribuer à tous les centimes spéciaux autorisés par la même loi, affecter à cet entretien le produit d'une imposition extrardinaire qui n'excédera pas 4 centimes additionnels au principal des quatre contributions dirertes. (Voir *Impositions*, p. 108[1].)

cours qui auraient pu être fondés par l'initiative privée ; mais, s'il est obligé de soutenir les cours communaux d'adultes, il s'efforcera volontiers de venir en aide à ceux des cours privés qui rendraient d'incontestables services. Quoi qu'il en soit, il importe d'inviter chaque année les conseils municipaux à délibérer, dans leur session du mois de février, sur l'ouverture ou l'entretien des cours d'a-dultes, en même temps qu'ils délibéreront sur les dépenses d'en-tretien des écoles du jour. (Circ. préc.)

[1] Deux écueils doivent être évités en ce qui concerne l'admission gratuite dans les écoles payantes d'enfants qui seront dispensés d'y solder la rétribution scolaire. D'un côté, il serait contraire au vœu de la loi d'y recevoir, à titre gratuit, des enfants appartenant à des familles aisées ; mais, d'autre part, le texte comme l'esprit de la loi seraient méconnus, si l'entrée gratuite de l'école pouvait être refusée à des enfants pour lesquels cette gratuité est né-cessaire.

Des précautions doivent être prises à ce double point de vue afin d'empêcher les abus. Celles qu'avait prescrites le décret du 31 dé-cembre 1853 dans une pensée d'économie pour le Trésor, par l'établissement d'un maximum, dépassaient le but ; un décret du 23 mars 1865 a dû intervenir pour le modifier. La désignation pure et simple des admissibles par le conseil municipal, ainsi que le ré-glait la loi du 28 juin 1833, ouvrait la porte à l'abus contraire. (Circ. préc.)

La législation existante respecte tous les droits et permet d'em-pêcher qu'on les méconnaisse. L'article 24 de la loi du 15 mars 1850 accorde l'admission gratuite aux enfants qui ne peuvent payer la rétribution scolaire ; l'article 45 de la même loi charge les préfets

En cas d'insuffisance des ressources indiquées au paragraphe qui précède, et sur l'avis du conseil départemental, une subvention peut être accordée à la commune sur les fonds du département, et, à leur défaut, sur les fonds

d'arrêter la liste de gratuité dressée par le maire et les ministres du culte et approuvée par le conseil municipal. La loi nouvelle, par son article 10, organise un système financier d'après lequel l'extension de la gratuité dans l'école payante ne peut jamais nuire à l'instituteur.

Les lois de 1833 et de 1850 ne considéraient la gratuité absolue de l'enseignement pour tous les élèves qui fréquentent une école, que comme une exception en quelque sorte de luxe que les communes riches pouvaient se permettre si leur budget leur en fournissait les moyens. Il avait été établi que, dans ces cas, ni le département ni l'État ne pouvaient intervenir, attendu qu'en renonçant à la rétribution scolaire, ces communes auraient fait retomber le déficit au compte du département et de l'Etat. Mais l'expérience a prouvé qu'un assez grand nombre de familles renonçaient à envoyer leurs enfants dans les écoles plutôt que d'endosser en quelque sorte la livrée de la misère en sollicitant leur inscription sur les listes de gratuité ; et la loi a voulu donner aux communes où ces abstentions menaçaient de devenir trop nombreuses les moyens de rendre leurs écoles entièrement gratuites. En outre, la justice, comme la saine politique, voulait que le bénéfice de la gratuité complète de l'école ne fût pas accordé seulement aux habitants des grandes villes, où se trouvent déjà réunis tant de secours pour les classes laborieuses, que les communes rurales pauvres, celles où il y a un grand nombre de cultivateurs peu aisés, pussent acquérir cet avantage, qui correspondra pour elles à un dégrèvement d'impôt. Tel est le but de l'article 8 de la loi nouvelle. (Circ. préc.)

Aux termes de cet article 8, les communes qui voudront rendre

de l'État, dans les limites du crédit spécial porté annuellement à cet effet au budget du ministère de l'instruction publique. (Loi du 10 avril 1867, art. 8.)

Dans les communes où la gratuité est établie en vertu de la présente loi, le traitement des instituteurs et des institutrices publics se compose :

1° D'un traitement fixe de 200 francs ;

2° D'un traitement éventuel calculé à raison du nombre d'élèves présents, d'après un taux de rétribution déterminé chaque année par le préfet, sur l'avis du conseil municipal et du conseil départemental ;

3° D'un supplément accordé à tous les instituteurs et institutrices dont le traitement fixe, joint au produit de l'éventuel, n'atteint pas pour les instituteurs les *minima* déterminés par l'article 38 de la loi du 15 mars 1850 et par le décret du 19 avril 1862, et pour les institutrices les *minima* déterminés par l'article 4 ci-dessus. (Loi préc., art. 9.)

leurs écoles entièrement gratuites commenceront, en cas de besoin, par s'imposer un véritable sacrifice ; elles devront voter, en sus des 3 centimes exigés par la loi de 1850, et avec le concours des plus imposés, 4 autres centimes extraordinaires au principal des quatre contributions directes. Ce sacrifice ne leur créera pas toutefois, par le fait même, un droit au concours du département et de l'État, mais il leur donnera l'aptitude légale à recevoir, sur la proposition du conseil départemental, des subventions du département et de l'État, et dans les limites des crédits annuellement votés par les conseils généraux ou portés à cet effet au budget du ministère de l'instruction publique. (Circ. préc.)

Dans les autres communes, le traitement des instituteurs et des institutrices publics se compose :

1° D'un traitement fixe de 200 francs ;

2° Du produit de la rétribution scolaire ;

3° D'un traitement éventuel calculé à raison du nombre d'élèves gratuits présents à l'école, d'après un taux déterminé chaque année par le préfet, sur l'avis du conseil municipal et du conseil départemental ;

4° D'un supplément accordé à tous les instituteurs et institutrices dont le traitement fixe, joint au produit de la rétribution scolaire et du traitement éventuel, n'atteint pas pour les instituteurs les *minima* déterminés par l'article 38 de la loi du 15 mars 1850 et par le décret du 19 avril 1862, et pour les institutrices les *minima* déterminés par l'article 4 ci-dessus. (Loi préc., art. 10.).

Le traitement déterminé conformément aux deux articles précédents pour les instituteurs et institutrices en exercice au moment de la promulgation de la présente loi ne peut être inférieur à la moyenne de leurs émoluments pendant les trois dernières années. (Loi préc., art. 11.)

Le préfet du département et le maire de la commune peuvent se pourvoir devant le ministre de l'instruction publique contre les délibérations du conseil départemental prises en vertu du deuxième paragraphe de l'article 18 de la loi de 1850, pour la fixation du taux de la rétribution scolaire. (Loi préc., art. 12.)

Dans les communes qui n'ont point à réclamer le concours du département ni de l'État pour fournir le traitement des instituteurs et institutrices, tel qu'il est déterminé par les articles 9 et 10, ce traitement peut, sur la demande du conseil municipal, être remplacé par un traitement fixe, avec l'approbation du préfet, sur l'avis du conseil départemental. (Loi préc., art. 13.)

Il est pourvu aux dépenses résultant des articles 1, 2, 3, 4, 5 et 7 ci-dessus, comme à celles résultant de la loi de 1850, au moyen des ressources énumérées dans l'article 40 de ladite loi, augmentées d'un troisième centime départemental additionnel au principal des quatre contributions directes. (Loi préc., art. 14.)

Une délibération du conseil municipal, approuvée par le préfet, peut créer dans toute commune une caisse des écoles destinée à encourager et à faciliter la fréquentation de l'école par des récompenses aux élèves assidus et par des secours aux élèves indigents. — Le revenu de la caisse se compose de cotisations volontaires et de subventions de la commune, du département ou de l'État. —Elle peut recevoir, avec l'autorisation des préfets, des dons et des legs.—Plusieurs communes peuvent être autorisées à se réunir pour la formation et l'entretien de cette caisse. — Le service de la caisse des écoles est fait gratuitement par le percepteur. (Loi préc. , art. 15.)

Le conseil des inspecteurs généraux des établissements de bienfaisance à émis, à diverses reprises, l'avis que les *écoles*, les *salles d'asile*, les *classes*, etc., ne pouvaient être établies dans les *hospices*.

La commission administrative d'un hospice ayant demandé l'autorisation d'employer le montant d'un legs, qui lui avait été fait sans condition, à la création d'une salle d'asile dans les dépendances de l'établissement, le conseil des inspecteurs généraux, appelé à examiner cette question, a émis l'avis suivant :

« Vu, etc. ;

« Considérant.... qu'il faut maintenir le principe de la division des œuvres et ne pas permettre que l'on change le but et la nature des établissements hospitaliers par l'annexion de services étrangers ;

« Considérant que les hospices sont des établissements uniquement destinés à recevoir des malades et des vieillards et s'opposent ainsi, par leur destination spéciale, à la création de l'établissement projeté ;

« Considérant que la salle d'asile ne saurait être rangée parmi les établissements d'assistance, mais doit être considérée comme la base de notre système d'enseignement primaire et être reconnue comme établissement d'éducation précédant l'école (loi du 15 mars 1850 ; décrets des 16 mai 1854 et 21 mars 1855 ; circ. du 15 mai 1855) ;

« Considérant que la création des salles d'asile dans l'intérieur des hospices offre de graves et nombreux inconvénients ;

« Qu'il est rare que les salles d'asile n'occupent pas une place utile, souvent même nécessaire pour le service hospitalier ;

« Que, bruyantes de leur nature, elles sont incompatibles avec le calme qui est une des conditions premières d'établissements destinés à des malades ;

« Que cette agglomération donne presque toujours naissance à une promiscuité fâcheuse des enfants et des administrés ;

« Que ces institutions sont mal placées dans des établissements qui sont les foyers d'une infection difficile à détruire complétement ; qu'elles tendent en outre, en introduisant un trop grand nombre de sœurs dans les établissements, à altérer, dans une certaine mesure, leur caractère d'institutions civiles pour leur donner celui de communautés religieuses ;

« Considérant, d'ailleurs, que les salles d'asile grèvent sans droit le budget des hospices, car elles obligent à des dépenses de personnel, à des frais de nourriture, vestiaire, logement, contributions, etc., que la rétribution des enfants, appartenant presque exclusivement à la classe indigente, est loin de combler ;

« Que d'ailleurs, quand bien même il y aurait avantage, la circulaire de 1840 interdit formellement la tenue dans les hospices de classes non gratuites ;

« Considérant que l'*instruction primaire* rentrant dans les *attributions des communes*, les hospices ne peuvent contribuer, en aucune façon, aux frais de construction des salles d'asile, les administrations hospitalières ne pouvant et ne devant subvenir en quoi que ce soit à des dépenses municipales (décisions du ministre de l'intérieur des 1er décembre 1858 et 8 août 1860) ;

« Que les dépenses relatives à l'instruction publique sont, en effet, des dépenses obligatoires des communes (lois des 18 juillet 1837, art. 30, et 15 mars 1850, art. 36) ;

« Que les salles d'asile sont des établissements communaux d'éducation ; que ce sont les conseils municipaux qui dressent, comme pour les écoles, la liste des enfants indigents qui peuvent être admis gratuitement à la salle d'asile ;

« Considérant que l'inspection générale signale chaque année la violation de la circulaire du 31 janvier 1840 et trouve installées, dans un grand nombre d'hospices, sans aucun titre de fondation, des œuvres et des institutions complétement étrangères au service hospitalier ;

« Que, dans ces établissements, les malades sont moins bien soignés et moins bien surveillés ; que les sœurs sont distraites de leur unique devoir, et que, le plus souvent, l'hospice n'est plus qu'une dépendance d'un service illégalement introduit ;

.« Que cette situation regrettable doit appeler la sérieuse attention de l'administration supérieure ;

« Que, comme tutrice des établissements hospitaliers, elle a le devoir d'empêcher cet envahissement des hospices et doit les défendre contre cette tendance des communes à s'exonérer au détriment des hospices des obligations que la loi leur impose ;

« Par tous ces motifs, est d'avis : 1° que le legs dont il s'agit doit profiter exclusivement au service hospitalier et non à un service communal ; 2° qu'il y a lieu de prescrire l'emploi de ce legs en rentes sur l'État. »

Legs. — Voir *Dons et legs.*

OCTROIS.

(Voir tome I, p 24).

En vertu de l'article 8 de la loi du 24 juillet 1867, l'établissement des taxes ,d'octroi et les règlements relatifs à leur perception restent soumis à l'approbation du gouvernement. A cet égard, les règles posées par l'ordonnance du 9 décembre 1814 et par les lois des 28 avril 1816 et 11 juin 1842 continuent à recevoir leur application ; mais l'article 9 de la loi de 1867 élargit les attributions des conseils municipaux en ce qui concerne :

1° La diminution ou la suppression des taxes d'octroi ;

2° La prorogation, pendant cinq ans au plus, des taxes principales ;

3° L'augmentation des taxes jusqu'à concurrence d'un décime pour cinq ans au plus. (Circ. int. 3 août 1867.)

Les délibérations prises sur ces différents points seront

désormais exécutoires sans approbation du préfet, mais dans les conditions déterminées par l'article 18 de la loi du 18 juillet 1837, si le conseil municipal est d'accord avec le maire, si aucune des taxes maintenues ou modifiées n'excède le maximum déterminé dans un tarif général qui sera établi, après avis des conseils généraux, par un règlement d'administration publique et si, d'ailleurs, les taxes ne portent que sur des objets compris dans ce tarif. (Circ. préc.)

Un décret ne sera plus nécessaire pour autoriser la prolongation des taxes additionnelles existantes et l'augmentation des taxes principales au delà d'un décime, si elles sont établies dans la limite du maximum des droits et de la nomenclature des objets fixés par le tarif général. Mais, dans ces deux cas, d'après l'article 10 de la loi de 1867, les délibérations du conseil municipal ne sont exécutoires que sur l'approbation du préfet.

Quant aux surtaxes d'octroi, rien n'est changé au mode de leur création ; elles ne pourront, comme précédemment, aux termes de l'article 9 de la loi des finances du 11 juin 1842 et de l'article 18 de la loi des finances du 22 juin 1854, être établies qu'en vertu d'une loi spéciale.)Circ. int., 3 août 1867 ; cir. fin., 10 avril 1868.)

RECEVEURS.

(Voir tome II, p. 654).

Comptes de gestion. — D'après le mode de procéder en vigueur antérieurement à 1866, le maire et le receveur présentaient chaque année au conseil municipal, dans la session de mai : l'un son compte administratif contenant l'exécution complète du budget du dernier exercice, clos au 31 mars précédent ; l'autre, son compte de gestion arrêté au 31 décembre de l'année expirée et comprenant, dans une première partie, les opérations des trois mois complémentaires de l'avant-dernier exercice, clos depuis treize mois, et, dans une seconde partie, les opérations des douze premiers mois seulement de l'exercice suivant.

Ce défaut de concordance entre deux documents qui doivent se rapporter exactement aux mêmes faits et se contrôler l'un par l'autre jetait dans l'esprit des assemblées municipales une confusion qui leur en rendait l'examen très-difficile ; il créait d'ailleurs de grandes complications dans l'établissement des comptes et de longs retards dans leur apurement. Aussi ce système avait-il suscité de nombreuses réclamations de la part des préfets, des conseils généraux, des conseils municipaux et des comptables. (Rapport à l'Empereur, 27 janvier 1866.)

Après avoir examiné si, afin de satisfaire à ces réclamations, il ne serait pas possible de trouver, pour le compte des receveurs, une combinaisons qui offrit les avantages d'un compte par exercice, sans diminuer en rien les garanties que présente au contrôle judiciaire l'unité de gestion annuelle, M. le ministre des finances a reconnu qu'on atteindrait ce but en appliquant à la comptabilité municipale quelques-unes des dispositions du décret du 12 août 1854, concernant les opérations des comptables du Trésor, notamment celle qui prescrit de rapprocher, autant que possible, la formation et la présentation des comptes.

En conséquence, un décret du 27 janvier 1866 a décidé (art. 1er) qu'à l'avenir, les receveurs des communes et des établissements de bienfaisance établiront le compte des opérations complémentaires de chaque exercice aussitôt après sa clôture et comprendront ces opérations dans le même document que le compte des opérations des douze premiers mois, auxquelles elles seront réunies pour présenter des résultats qui concordent avec ceux du compte du maire.

Les opérations des deux périodes de l'exercice clos, appuyées de toutes les justifications, seront disposées d'une manière distincte, par gestion, et suivies : 1° de la situation du comptable envers la commune ou l'établissement au 31 décembre, de telle sorte que l'excédant de recette; à cette époque, étant reporté en tête du compte suivant, les comptes soient liés les uns aux autres sans interruption, selon le vœu des règlements ; 2° du résultat final de l'exercice au moment de sa clôture, lequel résultat sera également reporté en tête du compte suivant et compris dans la situation du receveur au 31 décembre. (Décret du 27 janvier 1866, art. 2.)

Les comptes seront, avant d'être soumis aux conseils municipaux ou aux commissions hospitalières, vérifiés et certifiés exacts dans leurs résultats par les receveurs des finances. Ils seront ensuite vérifiés sur pièces, d'une manière approfondie, par les mêmes comptables, avant leur présentation aux juges, laquelle aura lieu avant le 1er septembre. (*Idem*, art. 3[1].)

Les opérations des deux périodes de l'exercice seront, pour les comptes soumis à la juridiction de la Cour des comptes, vérifiées par le même conseiller référendaire. Le même conseiller maître sera chargé du rapport des deux parties de l'exercice. (*Idem*, art. 4.)

Les arrêts de la Cour et les arrêtés des conseils de préfecture sur les comptes des receveurs des communes et

---

[1] Aux termes des articles 1302 et 1334 de l'instruction générale des finances, les comptes de gestion doivent être vérifiés par les receveurs des finances avant d'être soumis aux conseils municipaux. Mais ces comptes ne pouvant, dans le nouveau système, être terminés qu'après le 31 mars, c'est-à-dire très-peu de temps avant la session des conseils municipaux dans laquelle ils doivent être présentés, la vérification des receveurs des finances ne peut plus précéder celle de ces assemblées. Par ce motif, le décret a décidé (art. 3) que les comptes de gestion seraient, à l'avenir, simplement contrôlés dans leurs résultats avant la session du mois de mai, et que la vérification approfondie n'aurait lieu qu'ultérieurement. (Circ. fin., 30 janvier 1866.)

des établissements de bienfaisance seront notifiés par l'entremise des receveurs des finances. Ces comptables devront, dans un délai de quinze jours, transmettre au greffier en chef de la Cour des comptes le récépissé constatant la notification faite aux justiciables de cette Cour. La notification sera faite simultanément et sous forme de tableau pour toutes les communes et tous les établissements de bienfaisance d'une même perception, dont les comptes seront jugés par le conseil de préfecture. (*Idem*, art. 5.)

Transmission des titres de recettes. — Aux termes de l'article 1288 de l'instruction générale du ministère des finances de 1859, les baux et les autres titres de recettes des communes et établissements de bienfaisance doivent être adressés par les préfets aux receveurs des finances, qui les transmettent aux receveurs chargés d'en effectuer le recouvrement. Cette disposition est destinée à assurer la surveillance des receveurs des finances sur leurs subordonnés. Il est indispensable qu'ils aient connaissance de tous les faits intéressant le service financier des communes et établissements, et qu'ils soient mis à portée de prévenir au besoin le détournement des deniers communaux et charitables[1].

[1] Le Conseil d'État a fait observer qu'il ressort de l'examen des diverses demandes en décharge de responsabilité sur lesquelles la section des finances est appelée à donner son avis, que c'est principalement sur les fonds des communes et des établissements de bienfaisance que les comptables commettent des détournements;

Une circulaire du ministre de l'intérieur, du 31 mars 1862, invite les préfets à veiller à ce que les prescriptions de l'article 1288 précité soient exactement observées, sauf l'exception prévue par la circulaire du 24 août 1861, en ce qui concerne les recettes accidentelles et variables, telles que dons, aumônes, quêtes, journées de malades dans les hôpitaux, etc. En effet, il a été convenu entre les deux départements de l'intérieur et des finances, que toutes les fois qu'il s'agira de recettes de cette nature, les receveurs municipaux ou les receveurs spéciaux des établissements seront autorisés à les encaisser, à la condition d'en informer immédiatement leurs supérieurs et à se faire délivrer, comme titres de recettes, des états certifiés par les maires. Un double de ces états sera transmis directement par le maire au préfet et au sous-préfet de l'arrondissement, qui le fera parvenir sans retard au receveur général et au receveur particulier des finances. (Voir *Souscriptions.*)

qu'il importe de sauvegarder les biens des pauvres et les ressources des communes; qu'à cet effet, il y a lieu de prendre les précautions et les mesures nécessaires pour assurer aux finances municipales et hospitalières les mêmes garanties et les mêmes conditions d'ordre et de régularité qu'aux finances de l'État.

« Les préfets comprendront, dit M. le ministre des finances dans sa circulaire du 20 juillet 1863, que leur responsabilité devant l'administration supérieure se trouverait sérieusement engagée si, par suite d'un oubli plus prolongé des dispositions de l'instruction générale du 20 juin 1859, les intérêts des communes et des établissements de bienfaisance venaient à être compromis dans leur département. »

Receveurs spéciaux. — Surveillance. — Les autorités municipales et les commissions d'établissements charitables ont le droit de diriger les receveurs spéciaux et le devoir de seconder les receveurs des finances dans l'exercice de leur surveillance. En leur offrant le concours de ces comptables supérieurs, la loi n'a pas entendu les dispenser elles-mêmes d'un contrôle qu'elles sont en mesure d'exercer très-utilement, en raison de la connaissance personnelle qu'elles doivent avoir de tous les faits de nature à affecter la situation budgétaire de la commune ou de l'établissement. Si elles viennent à manquer à cette obligation essentielle, elles exposent aux plus graves dangers les intérêts confiés à leurs soins, puisque la responsabilité matérielle n'incombe aux receveurs des finances que dans le cas où le service de la recette est réuni au service de la perception. Il importe surtout que toutes les opérations de recettes ou de dépenses soient soumises aux règles de la comptabilité. Il serait, en effet, complétement illusoire de s'attacher à assurer partout la régularité des services, si l'on pouvait, d'un autre côté, en soustraire impunément une partie au contrôle de l'administration. (Circ. min. fin., 25 février 1865.)

Par une autre circulaire en date du même jour, le ministre des finances a rappelé aux receveurs des finances que l'article 67 de la loi du 18 juillet 1837 assujettit à leur surveillance la gestion des receveurs spéciaux de communes et d'établissements de bienfaisance.

Bien qu'elle n'ait pas pour sanction une responsabilité

matérielle comme à l'égard des percepteurs receveurs municipaux, cette disposition législative n'en constitue pas moins
une obligation des plus importantes ; en la méconnaissant,
les receveurs des finances engageraient non-seulement leur
responsabilité morale devant l'administration, mais ils se
placeraient sous le coup d'une répression pour manque-
ment au service.

Certains receveurs des finances ont prétendu que leur
action sur les receveurs spéciaux ne pouvait être qu'insuffisante et, par conséquent, inefficace, du moment que leur
autorité sur eux ne peut s'exercer avec une entière indépendance ; qu'ils ne sont pas d'ailleurs suffisamment ar-
més vis-à-vis de ces comptables et qu'enfin ils ne trouvent
pas toujours auprès des administrations locales l'appui et
le concours auxquels ils devraient s'attendre.

Ces observations, dit M. le ministre des finances dans
sa circulaire précitée, sont peu fondées.

Comme moyens de surveillance, l'instruction générale
du 20 juin 1859, article 1517 et suivants, trace un ensemble de dispositions qui, ponctuellement exécutées, ne
peuvent manquer d'assurer la parfaite régularité des points
particulièrement soumis à leur surveillance, c'est-à-dire
l'exactitude des recouvrements et des payements, la tenue
des écritures, l'intégrité des caisses, la reddition et l'apurement des comptes. Les receveurs des finances peuvent
même, pour le cas où l'examen attentif des éléments de
comptabilité, et notamment celui des bordereaux détaillés,
leur inspirerait quelques doutes relativement à la situation

de certaines opérations de recette ou de dépense, compléter les garanties que leur offrent les règlements par des informations recueillies confidentiellement, soit auprès des maires, soit auprès des parties elles-mêmes.

Comme moyens disciplinaires, les receveurs des finances ont à leur disposition, outre la mesure de l'agent spécial, la réquisition de la suspension et même la suspension d'office, autorisée par l'article 1321 de l'instruction générale, le droit d'infliger une retenue de traitement dans les circonstances analogues à celles où cette punition est prévue par l'article 1311.

Quant à l'insuffisance de concours de la part de l'administration municipale, les receveurs des finances ne sauraient être admis à l'invoquer en atténuation des torts qui leur seraient imputables à eux-mêmes. Ce n'est que dans le cas où ils auraient été mis dans l'impossibilité d'exercer efficacement leur contrôle, où, par exemple, il ne leur aurait pas été donné communication d'un titre de recette ou avis d'une adjudication, qu'ils seraient fondés à décliner toute solidarité quant aux conséquences fâcheuses qui pourraient résulter de ce fait. (Circ. fin., 25 février 1865.)

Cautionnements. — La loi de finances du 8 février 1864 (art. 25) a rendu applicables aux receveurs des communes, hospices, bureaux de bienfaisance et autres établissements publics de bienfaisance, les bases adoptées par l'article 13 ° de la loi du 8 août 1847 pour la détermination du cautionnement des percepteurs, savoir :

Dix francs pour cent sur les premiers cent mille francs ;

Six francs cinquante centimes pour cent sur les quatre cent mille francs suivants ;

Cinq pour cent sur toute somme excédant les premiers cinq cent mille francs.

Cette application de la loi du 8 août 1847 tend à améliorer la situation des comptables, puisqu'elle entraîne l'abrogation de la loi du 28 avril 1816 et des ordonnances des 31 octobre 1821 et 6 juin 1830, qui fixaient le montant des cautionnements au dixième des recettes ordinaires des communes et des établissements de bienfaisance. (Cir. min. int., 27 juin 1864.)

RÉUNIONS ET SÉPARATIONS DE COMMUNES.

Les dispositions de l'article 13 de la loi du 24 juillet 1867 concernant les changements de circonscriptions territoriales n'apportent aucune modification aux règles tracées par le titre Ier de la loi du 18 juillet 1837 pour l'instruction de ces affaires. Elles ont pour but d'en faciliter la solution, soit en rapprochant des intéressés l'autorité chargée de la décision, soit en rendant moins fréquente l'intervention du pouvoir législatif. (Circ. int., 5 août 1867.)

D'après cet article, la sanction législative n'est plus nécessaire que dans deux circonstances : 1° lorsque le projet modifie les limites d'un canton, d'un arrondissement ou d'un département ; 2° lorsque le conseil général est opposé à la mesure projetée.

Dans tous les autres cas, il est statué par un décret ou par un arrêté préfectoral.

Le préfet statue lorsque les deux conditions suivantes se trouvent réunies : 1° avis favorable du conseil municipal ou des conseils municipaux assistés des plus imposés ; 2° avis conforme du conseil général.

Les avis qui, sans être explicitement contraires, seraient accompagnés de réserves devraient être considérés comme défavorables, et la compétence n'appartiendrait plus au préfet. (Circ. préc.)

Il n'y a pas lieu de distinguer si le projet consiste à distraire une section, soit pour la réunir à une autre commune, ou à réunir ensemble plusieurs communes. L'assentiment du conseil municipal assisté des plus imposés et l'avis conforme du conseil général suffisent pour rendre le préfet compétent. Ni l'étendue du territoire, ni le chiffre de la population de la commune ou des communes intéressées ne sont pris en considération par la loi. (Circ. préc.)

Si le conseil général est favorable à la mesure, malgré l'opposition des conseils municipaux intéressés, il est statué par un décret rendu dans la forme des règlements d'administration publique.

SOUSCRIPTIONS.

(Voir tome I, p. 179).

Les sections réunies de l'intérieur, de l'instruction publique et des cultes et des finances, du Conseil d'Etat, ont émis dans leur séance du 16 mars 1868 l'avis que le produit des souscriptions ouvertes ou recueillies exclusivement, au nom des fabriques paroissiales, pour la restauration ou reconstruction des églises et presbytères, appartient à ces *fabriques* et non aux *communes*.

Cet avis, qui doit servir désormais de règle de conduite, est ainsi conçu :

« Vu la loi du 18 germinal an X, l'article 12 du concordat, et les articles 72, 75 et 76 des articles organiques ;

« Vu l'arrêté du 7 thermidor an XI et les décrets des 30 mai et 31 juillet 1806 ;

« Vu le décret du 30 décembre 1809 et notamment les articles 1, 36, 37, 46, 49, 74, 92, 93 et 94 de ce décret;

« Vu la loi du 2 janvier 1817 et l'ordonnance du 14 avril, même année;

« Vu l'ordonnance du 3 mai 1825, articles 3 et 4;

« Vu l'article 30, § 14, de la loi du 18 juillet 1837 ;

« Vu les avis du Conseil d'Etat du 2 pluviôse an XIII, approuvé le 6 du même mois, et du 3 novembre 1836 ;

« Vu les avis du comité de l'intérieur, du Conseil d'Etat,

en date des 24 octobre 1828, 3 juillet et 6 novembre 1829, 24 octobre 1832, 9 janvier 1833 et 12 février 1834 ;

« Vu l'avis du comité de législation du 12 février 1841 ;

« Vu les décrets rendus au contentieux, en date des 12 août 1848, 18 juillet 1857 et 24 janvier 1867 ;

« Considérant que les fabriques paroissiales sont, aux termes des lois et décrets qui les régissent, des établissements publics ayant capacité pour recevoir des libéralités, les posséder et administrer ;

« Que ces établissements religieux, distincts de la commune, ont leur existence propre, des ressources et des charges spéciales, un budget particulier et un trésorier comptable ;

« Considérant que les fabriques sont tenues de pourvoir à tous les frais du culte, à l'entretien et aux réparations des églises et presbytères et même aux grosses réparations et aux reconstructions de ces édifices ;

« Que les communes ne participent à ces charges qu'en cas d'insuffisance, dûment constatée, des ressources de la fabrique ;

« Considérant que ces ressources comprennent, entre autres, le produit des quêtes faites pour les frais du culte, tout ce qui est trouvé dans les troncs destinés au même objet, les offrandes et oblations faites aux fabriques et, en général, toutes les libéralités que ces établissements sont autorisés à accepter ;

« Considérant que les sommes résultant des souscriptions publiques pour la restauration et la reconstruction des églises et presbytères, quand ces souscriptions sont ouvertes ou recueillies exclusivement au nom des fabriques, appartiennent à ces dernières et doivent être déclarées leur propriété ;

« Qu'en effet, ces sommes ne sont autres que des offrandes ou des libéralités faites par les fidèles, dans un intérêt religieux, à un établissement public ayant capacité spéciale pour représenter cet intérêt et *administrer tous les fonds affectés à l'exercice du culte. suivant les termes formels de l'article 1er du décret de 1809 ci-dessus visé ;*

« Que l'article 74 du même décret porte textuellement que *le montant des fonds perçus pour le compte de la fabrique, à quelque titre que ce soit, sera inscrit sur un registre qui demeurera entre les mains du trésorier;*

« Que vainement on invoquerait ce principe que les églises et presbytères sont la propriété des communes et que, par suite, les fonds destinés à les réparer ou restaurer, et recueillis au moyen de souscriptions publiques, constituent nécessairement des deniers communaux ;

« Considérant qu'en pareille matière, l'intention des donateurs ou souscripteurs ne saurait être douteuse et s'adresse évidemment à l'établissement religieux et non à l'établissement communal, lequel n'est tenu de pourvoir aux frais du culte qu'à défaut des ressources de la part de la fabrique ;

« Que, d'ailleurs, cette intention ne saurait être méconnue, sans s'exposer à voir la générosité des fidèles se ralentir et sans nuire à l'intérêt des communes et même de l'Etat, appelés à pourvoir, le cas échéant, à la restauration et reconstruction des églises et presbytères ;

« Sont d'avis, etc. »

TRAVAUX ET FOURNITURES.

(Voir tome II, p. 38).

Aux termes de l'article 1er de la loi du 24 juillet 1867, les conseils municipaux statuent désormais, par leurs délibérations, sur les projets, plans et devis de grosses réparations et d'entretien, lorsque la dépense totale afférente à ces projets et aux autres projets de même nature adoptés dans le même exercice ne dépasse pas le cinquième des revenus ordinaires de la commune, ni, en aucun cas, une somme de 50,000 francs.

En cas de désaccord entre le maire et le conseil municipal, la délibération n'est exécutoire qu'après approbation du préfet.

Le calcul du cinquième des revenus doit être fait non sur le total des recettes ordinaires figurant au budget de l'exercice courant, mais sur la moyenne de ces recettes établie d'après les comptes administratifs des trois dernières années. (Circ. int., 3 août 1867.)

Toutes les entreprises pour travaux et fournitures, au nom des communes, sont faites avec concurrence et publicité, sauf les exceptions ci-après :

Les administrations locales peuvent faire exécuter, sur

les crédits ouverts à leur budget et sans être obligées de demander l'approbation du préfet ou de recourir à la voie de l'adjudication, les travaux de réparation ordinaire et de simple entretien dont la dépense n'excède pas 300 francs. Il peut être traité de gré à gré, sauf approbation du préfet, pour les travaux de fournitures dont la valeur n'excède pas 3,000 francs. Il peut être également, et sous la même condition, être traité de gré à gré, à quelque somme que s'élèvent les travaux et fournitures : 1° pour les objets dont la fabrication est exclusivement attribuée à des porteurs de brevets d'invention ou d'importation ; 2° pour les objets qui n'ont qu'un possesseur unique; 3° pour les ouvrages et les objets d'art et de précision dont l'exécution ne peut être confiée qu'à des artistes éprouvés ; 4° pour les exploitations, fabrications et fournitures qui ne seraient faites qu'à titre d'essai ; 5° pour les matières et denrées qui, à raison de leur nature particulière et de la spécialité de l'emploi auquel elles sont destinées, doivent être achetées et choisies sur les lieux de production ou livrées, sans intermédiaire, par les producteurs eux-mêmes ; 6° pour les fournitures et travaux qui n'auraient été l'objet d'aucune offre aux adjudications ou à l'égard desquelles il n'aurait été proposé que des prix inacceptables, sans toutefois que l'administration puisse jamais dépasser le maximum arrêté conformément à l'article 1025 de l'instruction générale du ministère des finances ; 7° pour les fournitures et travaux qui, dans les cas imprévus et d'une urgence absolue et dûment constatée, ne pourraient pas subir le délai de l'adjudication sans qu'il en résultât un préjudice réel pour la commune. (Circ. fin., 10 avril 1868.)

Les adjudications publiques relatives à des fournitures, à des travaux, à des exploitations ou à des fabrications qui ne pourraient être sans inconvénient livrées à la concurrence illimitée, peuvent être soumises à des restrictions qui n'admettent à concourir que des personnes préalablement reconnues capables par l'administration et produisant les titres justificatifs exigés par les cahiers des charges.

Le décret du 25 mars 1852 (tableau A, n° 48) combiné avec l'article 2 de l'ordonnance réglementaire du 14 novembre 1837, attribue aux préfets l'approbation de tous les marchés de travaux ou de fournitures que les communes peuvent être amenées à passer de *gré à gré* avec des entrepreneurs, quand des circonstances exceptionnelles ne leur permettent pas de recourir à la voie de l'adjudication.

L'article 16 de la loi du 24 juillet 1867 leur retire ce droit d'approbation, à l'égard des marchés de gré à gré qui seraient passés par les villes ayant 3 millions de revenus au moins, pour l'exécution des travaux d'ouverture de nouvelles voies publiques et de tous autres travaux communaux déclarés d'utilité publique. Les marchés, devant être, à l'avenir, approuvés par des décrets rendus en Conseil d'Etat, devront être adressés au ministère de l'intérieur avec toutes les pièces à l'appui et les propositions du préfet.

La même observation s'applique aux traités qui porteraient concession, à titre exclusif ou pour une durée de plus de trente années, des grands services municipaux des villes de cette catégorie, ainsi qu'aux tarifs et traités relatifs aux pompes funèbres, qui se trouvent ainsi replacés, dans ces villes, sous le régime établi par le décret du 18 mai 1806. (Circ. int., 3 août 1867 ; circ. fin., 10 avril 1868.)

Application des articles 1, 3 et 5 de la loi du 24 juillet 1867. — Compétence. — La section de l'intérieur du Conseil d'État a été appelée à délibérer sur la question de savoir si, lorsqu'une commune sollicite une déclaration d'utilité publique pour l'acquisition d'un immeuble nécessaire à ses services, et qu'elle a voté, en même temps pour l'exécution de ce projet, un emprunt et une imposition extraordinaire qui, pris isolément, pourraient être, soit *réglés* par le conseil municipal, soit approuvés par le préfet, il y a lieu de faire statuer sur l'emprunt et l'imposition par le décret déclaratif d'utilité publique.

La section s'est prononcée pour la négative dans un avis de principe du 4 août 1868, ainsi conçu :

« La section, etc., etc.

« Vu l'article 4 de la loi du 18 juillet 1866 sur les conseils généraux ;

« Vu les articles 3 et 5 de la loi du 24 juillet 1867, sur les conseils municipaux ;

« Considérant que l'obligation de recourir à la forme d'un décret impérial pour faire déclarer l'utilité publique d'un travail n'implique pas l'obligation de comprendre dans ce décret la création des voies et moyens destinés à l'exécution de l'entreprise ;

« Que l'autorisation d'un travail et la création des ressources nécessaires pour l'exécuter sont des questions qui peuvent être scindées et soumises à des autorités différentes, à la condition que la question des voies et moyens sera toujours la première résolue ;

« Considérant que le pouvoir d'autoriser des impositions et des emprunts a été accordée, par la loi de 1867, dans un but de décentralisation, soit aux conseils municipaux, soit aux préfets :

« Que ce but ne serait pas rempli si ces impositions ou ces emprunts étaient déférés au gouvernement, à l'exclusion des conseils municipaux et des préfets, toutes les fois qu'ils se rattachent à un travail pour l'autorisation duquel un décret est nécessaire ;

« Qu'en effet, en procédant ainsi, les attributions nouvelles conférées aux conseils municipaux et aux préfets, ainsi qu'aux conseils généraux, resteraient le plus souvent sans application ;

« Est d'avis, etc. »

Cet avis ayant paru conforme aux principes d'une véritable décentralisation et à la pensée libérale qui a dicté les lois de 1866 et de 1867, les préfets ont été invités par une circulaire de M. le ministre de l'intérieur, en date du 1er octobre 1868, à le prendre à l'avenir pour règle dans l'instruction des affaires de cette nature.

Ainsi, toutes les fois que ces fonctionnaires seront saisis

d'une demande de déclaration d'utilité publique, et d'un vote d'emprunt et d'imposition rentrant dans la compétence du conseil municipal, aux termes de l'article 3 de la loi de 1867, ou soumise à l'approbation du préfet, en vertu de l'article 8, ils se borneront à réunir au dossier de l'acquisition, suivant les cas, une copie soit de la délibération municipale, *réglant* les voies et moyens, soit de l'arrêté préefctoral. Seulement, la délibération ou l'arrêté ne devra être mis à exécution qu'après la notification du décret déclaratif d'utilité publique. (Circ, int., 1er oct. 1868.)

La circulaire ajoute que, par analogie, la nouvelle marche devra être suivie lorsqu'il s'agira de demandes d'un emprunt et d'imposition extraordinaire qui exigent la sanction du gouvernement, aux termes de l'article 7 de la loi de 1867, et dont le montant serait destiné, avec le produit d'une *aliénation* d'immeubles, au payement d'*acquisitions amiables*, objets qui peuvent être. soit votés par le conseil municipal et réglés par le préfet, soit votés et réglés par ce conseil. Désormais, les préfets n'auront plus à soumettre ces projets au ministre de l'intérieur, comme le prescrivaient les circulaires ministérielles des 25 novembre 1852 et 25 janvier 1856 sur la connexité. Il suffira de joindre la délibération municipale ou l'arrêté approbatif au dossier concernant l'emprunt et l'imposition. Mais toute mesure entraînant pour la commune un engagement pécuniaire ne devra être définitivement adoptée qu'après que la question des voies et moyens aura été préalablement résolue. Toutes les fois donc qu'une acquisition devra être réalisée au moyen d'une imposition extraordinaire ou d'un emprunt dont l'approbation appartiendra au gouvernement, il y aura lieu d'insérer dans la délibération une clause portant que l'acquisition ne sera définitive qu'après la notification du décret autorisant l'opération financière.

ANNEXES

ANNEXES

LOI DU 24 JUILLET 1867

SUR LES CONSEILS MUNICIPAUX.

TITRE PREMIER. — DES ATTRIBUTIONS DES CONSEILS MUNICIPAUX.

ART. 1er. — Les conseils municipaux règlent, par leurs délibérations, les affaires ci-après désignées, savoir :

1° Les acquisitions d'immeubles, lorsque la dépense, totalisée avec celle des autres acquisitions déjà votées dans le même exercice, ne dépasse pas le dixième des revenus ordinaires de la commune ;

2° Les conditions des baux à loyer des maisons et bâtiments appartenant à la commune, pourvu que la durée du bail ne dépasse pas dix-huit ans ;

3° Les projets, plans et devis de grosses réparations et d'entretien, lorsque la dépense totale afférente à ces projets et aux autres projets de la même nature adoptés dans le même exercice ne dépasse pas le cinquième des revenus ordinaires de la commune ni, en aucun cas, une somme de 50,000 francs ;

4° Le tarif des droits de place à percevoir dans les halles, foires et marchés ;

5° Les droits à percevoir pour permis de stationnement et de locations sur les rues, places et autres lieux dépendant du domaine public communal ;

6° Le tarif des concessions dans les cimetières ;

7° Les assurances des bâtiments communaux ;

8° L'affectation d'une propriété communale à un service communal, lorsque cette propriété n'est encore affectée à aucun service public, sauf les règles prescrites par des lois particulières ;

9° L'acceptation ou le refus de dons ou legs faits à la commune sans charges, conditions ni affectation immobilière, lorsque ces dons et legs ne donnent pas lieu à réclamation.

En cas de désaccord entre le maire et le conseil municipal, la délibération ne sera exécutoire qu'après approbation du préfet.

Art. 2. — Lorsque le budget communal pourvoit à toutes les dépenses obligatoires et qu'il n'applique aucune recette extraordinaire aux dépenses soit obligatoires, soit facultatives, les allocations portées audit budget par le conseil municipal pour des dépenses facultatives ne peuvent être ni changées ni modifiées par l'arrêté du préfet ou par le décret impérial qui règle le budget.

Art. 3. — Les conseils municipaux peuvent voter, dans

la limite du maximum fixé chaque année par le conseil général, des contributions extraordinaires n'excédant pas 5 centimes pendant cinq années, pour en affecter le produit à des dépenses extraordinaires d'utilité communale.

Ils peuvent aussi voter 3 centimes extraordinaires exclusivement affectés aux chemins vicinaux ordinaires.

Les conseils municipaux votent et règlent, par leurs délibérations, les emprunts communaux remboursables sur les centimes extraordinaires votés comme il vient d'être dit au premier paragraphe du présent article, où sur les ressources ordinaires, quand l'amortissement, en ce dernier cas, ne dépasse pas douze années.

En cas de désaccord entre le maire et le conseil municipal, la délibération ne sera exécutoire qu'après approbation du préfet.

ART. 4. — A l'avenir, les forêts et les bois de l'Etat acquitteront les centimes additionnels ordinaires et extraordinaires affectés aux dépenses des communes dans la proportion de la moitié de leur valeur imposable, le tout sans préjudice des dispositions de l'article 13 de la loi du 21 mai 1836, de l'article 3 de la loi du 12 juillet 1865 et du paragraphe 2 de l'article 3 de la présente loi.

ART. 5. — Les conseils municipaux votent, sauf approbation du préfet :

1° Les contributions extraordinaires qui dépasseraient 5 centimes sans excéder le maximum fixé par le conseil général, et dont la durée ne serait pas supérieure à douze années ;

2° Les emprunts remboursables sur ces mêmes contributions extraordinaires ou sur les revenus ordinaires, dans un délai excédant douze années.

Art. 6. — L'article 18 de la loi du 18 juillet 1837 est applicable aux délibérations prises par les conseils municipaux en exécution des articles 1er, 2 et 3 qui précèdent.

L'article 42 de la même loi est applicable aux contributions extraordinaires et aux emprunts votés par les conseils municipaux en exécution des articles 3 et 5.

Art. 7. — Toute contribution extraordinaire dépassant le maximum fixé par le conseil général, et tout emprunt remboursable sur ressources extraordinaires dans un délai excédant douze années sont autorisés par décret impérial.

Le décret est rendu en conseil d'Etat s'il s'agit d'une commune ayant un revenu supérieur à 100,000 francs.

Il est statué par une loi, si la somme à emprunter dépasse un million, ou si ladite somme, réunie au chiffre d'autres emprunts non encore remboursés, dépasse 1 million.

Art. 8. — L'établissement des taxes d'octroi votées par les conseils municipaux, ainsi que les règlements relatifs à leur perception, sont autorisés par décrets impériaux rendus sur l'avis du conseil d'Etat.

Il en sera de même en ce qui concerne :

1° Les modifications aux règlements ou aux périmètres existants ;

2° L'assujettissement à la taxe d'objets non encore imposés dans le tarif local ;

3° L'établissement ou le renouvellement d'une taxe sur des objets non compris dans le tarif général indiqué ci-après ;

4° L'établissement ou le renouvellement d'une taxe excédant le maximum fixé par ledit tarif général.

Art. 9. — Sont exécutoires, dans les conditions déterminées par l'article 18 de la loi du 18 juillet 1837, les délibérations prises par les conseils municipaux concernant :

1° La suppression ou la diminution des taxes d'octroi ;

2° La prorogation des taxes principales d'octroi pour cinq ans au plus ;

3° L'augmentation des taxes jusqu'à concurrence d'un décime pour cinq ans au plus ;

Sous la condition, toutefois, qu'aucune des taxes ainsi maintenues ou modifiées n'excédera le maximum déterminé dans un tarif général qui sera établi, après avis des conseils généraux, par un règlement d'administration publique, ou qu'aucune desdites taxes ne portera sur des objets non compris dans ce tarif.

En cas de désaccord entre le maire et le conseil municipal, la délibération ne sera exécutoire qu'après approbation du préfet.

Art. 10. — Sont exécutoires, sur l'approbation du préfet, lesdites délibérations ayant pour but :

La prorogation des taxes additionnelles actuellement existantes ;

L'augmentation des taxes principales au delà d'un décime;

Dans les limites du maximum des droits et de la nomenclature des objets fixés par le tarif général.

Art. 11. — Les conseils municipaux délibèrent sur l'établissement des marchés d'approvisionnement dans leur commune.

Le paragraphe 3 de l'article 6 et le paragraphe 3 de l'article 41 de la loi du 10 mai 1838 sont abrogés en ce qui concerne lesdits marchés.

Art. 12. — Les délibérations des commissions administratives des hospices, hôpitaux et autres établissements charitables communaux, concernant un emprunt, sont exécutoires en vertu d'un arrêté du préfet, sur avis conforme du conseil municipal, lorsque la somme à emprunter ne dépasse pas le chiffre des revenus ordinaires de l'établissement, et que le remboursement doit être effectué dans un délai de douze années.

Si la somme à emprunter dépasse ledit chiffre, ou si le délai de remboursement est supérieur à douze années, l'emprunt ne peut être autorisé que par un décret de l'empereur.

Le décret d'autorisation est rendu dans la forme des règlements d'administration publique, si l'avis du conseil municipal est contraire ou s'il s'agit d'un établissement ayant plus de 100,000 francs de revenus.

L'emprunt ne peut être autorisé que par une loi, lorsque la somme à emprunter dépasse 500,000 francs, ou lorsque ladite somme, réunie au chiffre d'autres emprunts non encore remboursés, dépasse 500,000 francs.

Art. 13. — Les changements dans la circonscription territoriale des communes faisant partie du même canton sont définitivement approuvés par les préfets, après accomplissement des formalités prévues au titre 1er de la loi du 18 juillet 1837, en cas de consentement des conseils municipaux et sur avis conforme du conseil général.

Si l'avis du conseil général est contraire, ou si les changements proposés dans les circonscriptions communales modifient la composition d'un département, d'un arrondissement ou d'un canton, il est statué par une loi.

Tous autres changements dans la circonscription territoriale des communes sont autorisés par des décrets rendus dans la forme des règlements d'administration publique.

Art. 14. — La création des bureaux de bienfaisance est autorisée par les préfets, sur l'avis des conseils municipaux.

TITRE II. — DISPOSITIONS CONCERNANT LES VILLES AYANT
TROIS MILLIONS DE REVENUS.

Art. 15. — Les budgets des villes et des établissements de bienfaisance ayant trois millions au moins de revenus sont soumis à l'approbation de l'empereur, sur la proposition du ministre de l'intérieur.

Art. 16. — Les traités à passer pour l'exécution, par

entreprises, des travaux d'ouverture des nouvelles voies publiques et de tous autres travaux communaux déclarés d'utilité publique, dans lesdites villes, sont approuvés par décrets rendus en conseil d'Etat.

Il en est de même des traités portant concession, à titre exclusif ou pour une durée de plus de trente années, des grands services municipaux desdites villes, ainsi que des tarifs et traités relatifs aux pompes funèbres.

Art. 17. — Les dispositions de la présente loi et celles de la loi du 18 juillet 1837 et du décret du 25 mars 1852 qui sont encore en vigueur, sont applicables à l'administration de la ville de Paris et de la ville de Lyon.

Les délibérations prises par les conseils municipaux desdites villes sur les objets énumérés dans les articles 1er et 9 de la présente loi ne sont exécutoires, en cas de désaccord entre le préfet et le conseil municipal, qu'en vertu d'une approbation donnée par décret impérial.

Aucune imposition extraordinaire ne peut être établie dans ces villes, aucun emprunt ne peut être contracté par elles, sans qu'elles y soient autorisées par une loi.

Il n'est pas dérogé aux dispositions spéciales concernant l'organisation des administrations de l'assistance publique, du mont-de-piété et de l'octroi de Paris.

TITRE III. — RENOUVELLEMENT DES CONSEILS MUNICIPAUX.

Art. 18. — A l'avenir, les conseils municipaux seront élus pour sept ans.

TITRE IV. — DISPOSITIONS DIVERSES.

Art. 19. — Dans le cas où une commune sera divisée en sections pour l'élection des conseillers municipaux, conformément à l'article 7 de la loi du 5 mai 1855, la réunion des électeurs ne pourra avoir lieu avant le dixième jour à compter de l'arrêté du préfet.

Art. 20. — Les gardes champêtres sont chargés de rechercher, chacun dans le territoire pour lequel il est assermenté, les contraventions aux règlements de police municipale. Ils dressent des procès-verbaux pour constater ces contraventions.

Art. 21. — Nul ne peut être maire ou adjoint dans une commune et conseiller municipal dans une autre commune.

Art. 22. — La commission nommée en cas de dissolution d'un conseil municipal, conformément à l'article 13 de la loi du 5 mai 1855, peut être maintenue en fonctions pendant trois ans.

Art. 23. — L'article 50 de la loi du 5 mai 1855 est abrogé.

Toutefois, dans les villes chef-lieux de département ayant plus de quarante mille âmes de population, l'organisation du personnel chargé des services de la police est réglée, sur l'avis du conseil municipal, par un décret impérial, le conseil d'Etat entendu.

Les inspecteurs de police, les brigadiers, sous-brigadiers et agents de police sont nommés par le préfet, sur la présentation du maire.

Si un conseil municipal n'allouait pas les fonds exigés

pour la dépense ou n'allouait qu'une somme insuffisante, l'allocation nécessaire serait inscrite au budget par décret impérial, le conseil d'Etat entendu.

Art. 24. — Toutes les dispositions de lois antérieures demeurent abrogées en ce qu'elles ont de contraire à la présente loi.

..... Après les réflexions générales qui précèdent, il convient de rappeler sommairement comment, depuis 1789, a été successivement organisé le contrôle administratif en ce qui concerne les affaires communales.

I. *Législation de* 1789.

L'organisation municipale établie par la loi du 14 décembre 1789 était fort compliquée ; elle comprenait un *conseil général de la commune*, un *conseil municipal*, un *bureau*, un *maire*, un *procureur de la commune*.

Le conseil général se composait des officiers municipaux et d'un nombre de notables double, soit de 9 à 63 membres ; il était appelé à délibérer sur les affaires les plus importantes. — Le corps des officiers municipaux, variant de 3 à 21, se dédoublait en un *conseil municipal*, chargé de délibérer sur les affaires courantes et un *bureau* chargé de l'exécution. — Le *procureur* de la commune avait mission de défendre les intérêts. et de suivre les affaires de la commune. — Entre le *bureau* et le *procureur*, le *maire* était à peu près réduit au rôle de président du corps municipal. — Cette organisation se ressentait de l'esprit qui devait dominer la constitution politique, c'est-à-dire de la défiance contre le pouvoir exécutif et du désir de le subordonner aux assemblées.

L'Assemblée constituante avait d'ailleurs très-nettement posé la distinction entre les fonctions *propres* au pouvoir municipal et les fonctions tenant à l'administration générale, qui peuvent lui être *déléguées* (art. 51 et 56). — Pour celles-ci, le corps municipal était entièrement subordonné aux administrations de département et de district (art. 55); pour celles-là, les délibérations du conseil général ne pouvaient être exécutées qu'après approbation de l'administration ou du directoire de. département. — Pour les affaires *courantes*, de la compétence du conseil municipal, l'approbation préalable n'était pas nécessaire; mais tout citoyen qui se croyait lésé par un acte du corps municipal pouvait le faire réformer par l'administration du département; d'où suit qu'en réalité, pour tous les actes, l'autorité municipale était subordonnée à celle du département. —Ainsi, c'était par l'administration départementale, résultat elle-même de l'élection, qu'était exercé le contrôle administratif; le pouvoir central restait désarmé : contre-sens singulier dans une loi qui déléguait à l'autorité municipale plusieurs fonctions propres à l'administration générale de l'Etat.

II. *Législation de l'an III.*

La loi de 1789, et, après elle, la constitution de 1793 et le gouvernement révolutionnaire lui-même avaient accepté la commune comme un fait préexistant dont il s'agissait seulement de régulariser l'existence particulière, tout en la faisant entrer dans l'administration générale de l'Etat ; on avait en conséquence admis, comme principe fondamental, l'existence d'une municipalité dans chaque commune.

La constitution du 5 fructidor an III méconnut ce principe ; et, sans égard au nombre des communes qui, alors comme aujourd'hui, était d'environ trente-sept mille, décida qu'il n'y aurait que six mille municipalités. — Les communes de 5,000 à 100,000 habitants conservèrent seules une municipalité qui leur fut propre. — Les villes ayant plus de 100,000 habitants furent divisées en trois municipalités au moins, avec un bureau central. — Quant aux communes ayant moins de 5,000 habitants, et c'est l'immense majorité, elles n'eurent plus d'administration municipale particulière, mais seulement un agent municipal et un adjoint chargé de la police et de l'état civil. Les agents municipaux, réunis au chef-lieu de canton, constituèrent la municipalité collective du canton (art. 178 à 184). Les municipalités cantonales remplacèrent les administrations de *district* (arrondissement) : il n'y eut plus dès lors d'intermédiaire entre le canton et le département (loi du 21 fructidor an III, art. 21).

Les officiers municipaux étaient élus pour deux ans ; mais, après deux élections consécutives (quatre ans), ils ne pouvaient être réélus qu'après un intervalle de deux ans (art. 185 et 187).

Si le système de 1789 était plus propre à la *délibération* qu'à l'*action*, celui de l'an III n'était propre ni à l'un ni à l'autre. Trop nombreuses pour *agir*, les municipalités de canton ne l'étaient pas assez pour *délibérer* et surtout pour représenter les intérêts divers des diverses communes de l'arrondissement municipal. D'un autre côté, le renouvellement trop fréquent des officiers municipaux ne permettait pas qu'ils pussent acquérir l'expérience des affaires et rendait impossible l'esprit de suite si nécessaire au succès de toutes les entreprises.

Quant au contrôle administratif, la constitution de l'an III déclara les administrations municipales subordonnées aux administrations départementales et celles-ci aux ministres. — Les ministres eurent le droit, chacun dans sa partie, d'annuler les actes des administrations municipales, contraires à la loi ou aux ordres de l'autorité supérieure ; ils purent aussi, dans les mêmes cas, suspendre les autorités départementales, celles-ci les administrations municipales. — Le Directoire fut investi du droit d'annuler *immédiatement* (c'est-à-dire sans décision préalable des ministres) les actes des administrations départementales et municipales, et de celui de suspendre et de destituer les membres de ces administrations (art. 193 à 198).

Le caractère purement *répressif* de ce contrôle ne tarda

pas à être modifié. Une loi du 2 prairial an V enleva aux communes le droit d'aliéner les biens communaux ; les aliénations durent être autorisées par une loi. — D'après une autre loi, du 15 frimaire an VI, les dépenses municipales et communales durent être réglées par les administrations centrales de département, sur la proposition des autorités communales (art. 6). — La loi du 29 vendémiaire an VI décida que les actions en justice intéressant les communes ou les municipalités ne pourraient être intentées qu'après autorisation préalable de l'administration centrale du département.

III. *Législation de l'an VIII à* 1837.

A ces combinaisons compliquées et artificielles, la loi célèbre du 28 pluviôse an VIII substitua le régime, admirable de simplicité, fondé sur cette vérité d'observation, que *si délibérer est le fait de plusieurs, agir est le fait d'un seul.* En rétablissant une municipalité pour chaque commune, on la composa d'un *maire* et d'un *conseil municipal.* Au maire ou à l'adjoint qui le remplace fut attribué tout ce qui est *action,* exécution ; au conseil municipal, le droit de *délibérer* sur les affaires communales.

Cette distribution des pouvoirs est si conforme à la nature des choses, qu'elle a été acceptée par tous les pouvoirs qui se sont succédé en France ; elle est encore aujourd'hui, et restera probablement toujours, la base de notre administration municipale. Mais si le cadre n'a plus été remis en question, les détails du système ont subi de nombreuses et importantes variations, touchant le mode de nomination des officiers municipaux, la durée de leurs fonctions, le plus ou moins d'exercice du contrôle administratif : sur tous ces points, il y a eu et il y aura encore de vives controverses.

Nomination des maires. — Depuis 1789, le maire n'est plus seulement, comme autrefois, l'*homme de la commune*; il est, en même temps, agent direct du gouvernement, au même titre que le préfet et le sous-préfet ; il est, en outre, officier de l'état civil, officier de police judiciaire, investi d'une véritable juridiction en matière de simple police, toutes fonctions qui sont complétement étrangères aux affaires communales. Il semble donc conforme à la nature des choses qu'un tel fonctionnaire soit nommé par le pouvoir central dont il est l'agent, bien plus qu'il n'est le gérant des affaires de la commune.

La loi de l'an VIII était donc dans la vérité des choses et des principes en conférant au gouvernement et aux préfets, suivant l'importance des communes, le droit d'en nommer librement les maires.

La loi du 21 mars 1831 restreignit la liberté du gouvernement en l'obligeant à choisir le maire parmi les conseillers municipaux élus ; c'était une concession faite à la réaction qui se manifesta, après 1830, contre la centralisation exagérée des temps antérieurs.

Le décret du 3 juillet 1848 alla plus loin encore : il conféra au conseil municipal le droit d'élire le maire et les adjoints, ce qui avait le grave inconvénient de placer ces fonctionnaires dans la dépendance complète des conseils.

L'article 57 de la constitution de 1852 n'a fait que rentrer dans les principes, en reconnaissant au gouvernement le droit de nommer les maires et de les prendre même en dehors du conseil municipal ; toutefois, à moins de raisons particulières, le gouvernement les prend presque tous dans les conseils municipaux.

La durée des fonctions n'a pas moins varié que le mode de leur nomination : de trois ans, en l'an VIII, elle fut portée à cinq ans, puis ramenée à trois ans en 1831, enfin reportée à cinq ans par la loi du 5 mai 1855.

Nomination des conseils municipaux. — Le conseil municipal, au point de vue du mode de la nomination de ses membres, est dans une position toute différente de celle du maire. Ce conseil n'est en effet, à aucun titre, agent du pouvoir exécutif; il ne délibère avec autorité, et encore avec une autorité limitée par le contrôle administratif, que sur des besoins et des intérêts communaux. Il était donc conforme aux principes que l'assemblée qui a le vote des taxes locales et qui règle les affaires communales, fût élue par les citoyens qui doivent supporter ces taxes et que ces affaires intéressent.

La loi de l'an VIII était donc allée au delà de la mesure, en faisant nommer les conseils municipaux par le gouvernement. Cette nomination devait avoir lieu, il est vrai, sur une liste double de candidats présentés par les assemblées cantonales ; mais ce faible vestige d'élection ne tarda pas à disparaître (décret du 17 janvier 1806, art. 40).

La loi du 21 mars 1831 rétablit l'élection pour les conseils municipaux, et cette règle n'a subi depuis d'autre changement que la substitution, en 1848, du suffrage universel au suffrage restreint par le cens.

La durée des fonctions a varié pour les conseillers municipaux : de trois ans, elle fut portée à vingt, puis à six ans, avec renouvellement triennal, puis ramenée à cinq ans. Le projet propose le renouvellement intégral tous les sept ans.

Contrôle administratif sous la loi du 28 pluviôse an VIII. — Sous l'empire de cette loi, qui, jusqu'à 1830, ne reçut que de légères modifications, la subordination des autorités municipales envers le pouvoir central fut plus grande qu'auparavant ; et il devait en être ainsi, puisque, d'une part, la nomination des officiers municipaux appartenait au gouvernement ; et que, d'autre part, les préfets avaient hérité du pouvoir de surveillance et de contrôle que les lois de 1789 et de l'an III avaient attribué aux administrations de département.

Toutes les délibérations des conseils municipaux étaient soumises à l'approbation préalable de l'autorité supérieure, sans distinction de la nature et de l'importance des affaires. L'approbation était donnée :

Tantôt par une *loi*, notamment pour les changements de *circonscriptions* et pour les aliénations d'immeubles communaux (constitution de 1791, tit. II, art. 8);

Tantôt par un décret, rendu *en conseil d'Etat* ou *sur la proposition du ministre de l'intérieur;* — transactions (décret du 21 frimaire an XII et avis du 4 juin 1809); — changement dans le mode de jouissance des biens communaux (décrets du 9 brumaire an XIII et 6 juin 1811); — règlements des budgets (décrets des 10 brumaire an XIV et 17 juillet 1808); — placements de capitaux remboursés, au-dessus de 2,000 francs; les baux de plus de neuf ans (arrêté du 7 germinal an IX); — acquisitions (arrêté du 14 thermidor an XI);

Tantôt par le ministre de l'intérieur, par exemple, les placements de 500 à 2,000 francs;

Tantôt par le préfet, *seul* ou en *conseil de préfecture*, avec recours au ministre de l'intérieur, dans le premier cas, au conseil d'Etat, dans le second; par exemple, pour les baux n'excédant pas neuf ans (avis du conseil, 8 brumaire et 28 pluviôse an XI), et le règlement des dépenses (4 thermidor an X, art. 18);

Enfin, pour les actions judiciaires, l'autorisation était donnée par le conseil de préfecture, règle qui n'a pas cessé d'être en vigueur (arrêté du 17 vendémiaire an X).

Que si maintenant on recherche quel fut le caractère du contrôle administatif sous le Consulat, l'Empire et la Restauration, un trait dominant ressort avec évidence de l'ensemble des documents, c'est la pensée persévérante de modérer les dépenses et, avec elles, les *charges* qui pèsent sur les populations :

Le maximum des centimes additionnels est fixé à cinq (lois des 21 ventôse an IX, 13 floréal an X, etc.).

Dans les communes ayant 20,000 francs de revenu et au-dessus, et moins de 100,000 habitants, les frais d'administration ne doivent pas excéder 50 centimes par tête d'habitant (arrêté du 7 germinal an XI).

Défense d'établir aucune imposition extraordinaire pour dépenses ordinaires (arrêté du 4 thermidor an X, art. 5).

Les améliorations et *embellissements* ne peuvent avoir lieu que sur les *excédants* de recettes (arrêté du 4 thermidor an X, art. 9).

Sous ce régime, les villes s'embellissaient moins promptement ; mais les populations n'avaient point à supporter tant de centimes extraordinaires et ces droits d'octroi qui pèsent quelquefois bien lourdement sur la consommation.

Voici quels avaient été, après trente-trois ans, les résultats de ce régime économique..

En 1833, les revenus divers des communes avaient produit :

1°	Revenus de biens immeubles.	25,828,817
2°	Locations d'emplacements.	8,292,780
3°	Rentes sur l'État.	2,715,927
4°	Rentes sur particuliers.	544,044
5°	Recettes diverses, dons, legs, amendes. .	41,904,789
6°	Produit des 5 centimes additionnels. . . .	9,331,147
7°	Droits sur les patentes.	1,640,364
8°	Impositions extraordinaires.	13,451,094
9°	Octrois.	56,571,506
	Total général.	160,280,468

IV. *Loi du 18 juillet 1837.*

La loi du 18 juillet 1837, fruit de trois années de délibération dans les deux Chambres, restera l'une des meilleures lois qu'on ait faites sur la matière.

Elle rendit un premier service en réunissant et en coordonnant une multitude de règles éparses dans les lois antérieures ; puis elle s'efforça de donner satisfaction aux plaintes, plus vives peut-être que réfléchies, qui s'étaient élevées contre la centralisation, tout en conservant pour les affaires de quelque importance le contrôle de l'autorité supérieure.

Les attributions des conseils municipaux y sont rangées en trois classes, division dont le germe se trouvait déjà dans les lois de 1789 et de l'an VIII et qui se caractérise par les trois expressions, devenues techniques : *régler, délibérer, donner un avis.*

La première classe comprend les affaires qui ne touchent qu'à la *jouissance* et au *temps présent :* ces affaires sont *réglées*, avec pleine autorité, par le conseil municipal et sont exécutoires de plein droit, sans aucune approbation préalable, par cela seul que le préfet n'en a pas prononcé la nullité dans le mois soit pour violation de la loi, soit sur la plainte des particuliers qui se trouveraient lésés (art. 17 et 18).

La seconde classe comprend les *délibérations* qui ne sont exécutoires qu'après *approbation* de l'autorité supérieure.

On y trouve les affaires communales qui, par leur importance, pourraient soit compromettre la prospérité de la commune dans le présent ou l'avenir, soit avoir des conséquences fâcheuses pour l'intérêt général (art. 19 et 20).

Enfin dans la troisième classe sont rangées les affaires qui n'intéressent la commune qu'indirectement, et dont l'initiative et la décision appartiennent à d'autres autorités : pour cette troisième catégorie, les conseils municipaux sont seulement consultés ; leurs délibérations n'aboutissent qu'à de simples *avis* (art. 21).

Du reste, sous la loi de 1837, le contrôle supérieur, qu'il procède par voie d'*annulation* ou par voie d'*approbation*, se produit sous les formes variées déjà signalées plus haut à l'occasion de la loi de l'an VIII.

V. *Décrets des 25 mars et 13 avril 1861.*

Ces deux décrets n'ont rien changé aux attributions des conseils municipaux ni à la classification tripartite des délibérations qui vient d'être signalée ; ils se sont bornés à rapprocher le contrôle, en le transportant du pouvoir central au préfet dans des cas trop nombreux pour être rappelés ici.

———

Les explications qui précèdent permettront d'abréger

singulièrement ce qui reste à dire des dispositions du projet de loi, que l'on peut ranger sous seize chefs :

1° Suppression, pour certaines affaires, de la nécessité de l'*approbation* préalable (art. 1er et 6) ;

2° Libre disposition des *excédants* de recettes (art. 2 et 6) ;

3° Règles nouvelles sur les *centimes extraordinaires* (art. 3, 5, 6 et 7) ;

4° Règles nouvelles sur les *octrois* (art. 8, 9 et 10) ;

5° Règles nouvelles sur l'établissement des *marchés* (art. 11) ;

6° Règles nouvelles sur les emprunts pour les établissements charitables (art. 12) ;

7° Règles nouvelles sur les changements de circonscription des communes (art. 13) ;

8° Règle nouvelle sur l'établissement des *bureaux de bienfaisance* (art. 14) ;

9° Disposition concernant les villes ayant 3 millions de revenu (art. 15, 16, 17) ;

10° Renouvellement des conseils municipaux (art. 18) ;

11° à 16° Dispositions relatives : — aux forêts de l'Etat (art. 4) ; — aux élections dans les communes divisées en plusieurs sections (art. 19) ; — aux gardes champêtres (art. 20) ; — aux maires et adjoints (art. 21) ; — à la durée des commissions municipales (art. 22) ; — à l'abrogation de l'article 50 de la loi du 5 mai 1855.

Le projet conserve la classification de la loi de 1837. Pour décentraliser, il emploie deux procédés : — 1° il fait passer dans la première classe certaines délibérations qui, d'après la loi de 1837, étaient soumises à l'approbation préalable ; 2° pour d'autres, il confie le contrôle à des autorités plus rapprochées des communes.

Pour mettre en lumière les innovations du projet, nous prendrons pour termes uniques de comparaison la loi du 18 juillet 1837 et les décrets des 25 mars 1852 et 13 avril 1861.

§ 1er. *Suppression, en certaines matières, de la nécessité de l'approbation préalable* (art. 1er et 6).

L'article 17 de la loi de 1837 avait supprimé la nécessité de l'approbation préalable pour quatre genres d'affaires seulement, savoir :

« 1° Le mode d'administration des biens communaux [1];

« 2° Les conditions des baux à terme *ou à loyer*, dont la durée n'excède pas dix-huit ans pour les biens ruraux, et *neuf ans pour les autres biens* [2] ;

« 3° Le mode de jouissance et la répartition des pâturages et fruits communaux autres que les bois, ainsi que les conditions à imposer aux parties prenantes [3] ;

[1-2] Voir : lois du 5 novembre 1790, art. 13 ; du 11 février 1790 ; arrêté du 7 germinal an IX ; décret du 12 août 1807 ; ordonnance du 7 octobre 1818 et loi du 25 mai 1835 ; loi du 18 juillet 1837, art. 19, n° 5, et art. 47.

[3] Voir : lois des 4-18 décembre 1790, art. 50 ; 10 juin 1793, section III ; décret du 9 brumaire an XIII, avis du conseil, des 26 avril et 29 mai 1808.

« 4º Les affouages, en se conformant aux lois forestières[1]. »

Le projet conserve en entier les numéros 1, 3 et 4.

Il modifie le numéro 2, en accordant au conseil municipal le droit de régler les baux *à loyer*, comme les baux à ferme, pour une durée de dix-huit ans.

A ces quatre objets, il en ajoute huit nouveaux, savoir :

« 1º Les *acquisitions d'immeubles*, lorsque la dépense totalisée avec celle des autres acquisitions déjà votées dans le même exercice ne dépasse pas le dixième des revenus ordinaires de la commune[2];

« 2º Les conditions des baux à loyer n'excédant pas dix-huit ans, par modification de l'article 17 de la loi de 1837, ainsi qu'il a été dit;

« 3º Les projets, plans et devis de *grosses réparations* et d'*entretien*, lorsque la dépense totale afférente à ces projets et aux autres projets de la même nature adoptés dans le même exercice ne dépasse pas le cinquième des revenus ordinaires de la commune ni, en aucun cas, une somme de 50,000 francs[3];

[1] Voir : lois, arrêtés et avis du conseil, des 10 juin 1793, 26 nivôse an II, 19 frimaire an X, 9 brumaire an XIII, 20 juin 1806, 20 juillet 1807, 26 avril 1808, 10 avril 1835, 12 janvier 1838 ; Code forestier, art. 105, 109 et loi du 17 août 1838.

[2] Voir : lois, arrêtés, décrets, ordonnances et avis des 14 décembre 1789, art. 54 ; 5-10 août 1791, art. 7 ; 17-19 novembre 1791 ; 24 avril 1793, art. 21 et 22 ; 27 février et 3 septembre 1811 ; 8 août 1821, art. 2 ; 31 août 1830 ; 18 juillet 1837, art. 19, 3º, 21, 5º, 46 et suiv.

[3] Voir : 16 octobre 1790 ; 30 janvier 1791 ; 18 juillet 1837, art. 30, 1º et 16º ; 14 novembre 1837.

« 4° Le tarif des *droits* de place à percevoir dans les halles, foires et marchés [1];

« 5° Les droits à percevoir pour permis de *stationnement* et de *locations* sur les rues, places et autres lieux dépendant du domaine public communal [2];

« 6° Le tarif des concessions dans les *cimetières* [3];

« 7° Les *assurances* des bâtiments communaux ;

« 8° L'*affectation d'une propriété communale à un service communal*, lorsque cette propriété n'est encore affectée à aucun service public, sauf les règles prescrites par des lois particulières ;

« 9° L'acceptation ou le refus de *dons ou legs* faits à la commune sans charges, conditions ni affectations immobilières, lorsque ces dons et legs ne donnent pas lieu à aucune réclamation [4]. »

Ces diverses innovations dérogent, savoir :

Le numéro 1, à l'article 19, n° 3 de la loi de 1837, et au numéro 41, tableau A, du décret du 25 mars 1852 ;

Le numéro 2 au numéro 5 de l'article 19 de la loi de 1837 ;

Le numéro 3 au numéro 9 de l'article 19 de la loi de 1837, et au numéro 49, tableau A du décret de 1852;

Le numéro 4 au numéro 2 de l'article 19 de la loi du

---

[1] Voir : 15-28 mars 1770, tit. II, art. 19 ; 11 frimaire an VII, art. 4 et 7 ; 4 thermidor an X, art. 7 ; 3 nivôse an XIII ; 18 juillet 1837, art. 31, 6°.

[2] Voir : édit de novembre 1697 ; lois 21 avril 1832 et 18 juillet 1837, art. 31, 7°.

[3] Voir : 30 décembre 1809, art. 36, 4° ; 18 juillet 1837, art. 31, 9°.

[4] Voir : 9 frimaire an XI ; 12 août 1807 ; 4 mai 1809 ; 28 août 1810 ; 6 juin 1811 ; 2 avril 1817 ; 7 mars 1817, art. 10 ; 18 juillet 1837, art. 10, 28, 19, 9°, 21, 4°, 32, 3° et 48.

18 juillet 1837, et au numéro 34, tableau A du décret de 1852 ;

Le numéro 5 au numéro 53, tableau A du décret de 1852 ;

Le numéro 6, au numéro 47, tableau A dudit décret ;

Le numéro 7, au numéro 3 de l'article 19 de la loi de 1837 ;

Le numéro 8 au numéro 3 de l'article 19 de la loi de 1837 ;

Le numéro 9, au numéro 9 du même article 19.

De ces diverses innovations, les unes (n°s 2, 3, 7 et 8) peuvent être considérées comme se rapportant à des actes de simple administration, qui rentraient déjà naturellement dans le numéro 1 de l'article 17 de la loi de 1837.

Les *acquisitions* et les *réparations*, dans les limites du dixième et du cinquième des revenus ordinaires, ne peuvent avoir quelque importance que dans un bien petit nombre de communes.

Pour les droits autorisés par les numéros 4, 5 et 6, au contraire, la liberté accordée aux conseils municipaux aurait pu présenter de sérieux inconvénients, au point de vue économique et commercial, si elle n'avait été soumise à une double restriction : la nécessité de *l'approbation* du préfet, en cas de désaccord entre le maire et le conseil municipal, et le droit *d'annulation* reconnu au préfet par l'article 6 du projet conformément à l'article 18 de la loi de 1837.

On peut se demander si le dernier paragraphe de l'article 1er du projet sera applicable aux délibérations, déjà affranchies de la nécessité de l'approbation du préfet par l'article 17 de la loi de 1837. — L'analogie le voudrait ; mais le texte s'y prête difficilement.

Il convient de remarquer que, pour toutes ces affaires, le conseil a non-seulement le *vote*, mais aussi l'*initiative* : il n'est point nécessaire que la proposition soit faite par le maire.

§ 2. *Libre disposition des excédants de recettes.*

D'après les articles 33, 36, 38 et 39 de la loi de 1837, les budgets étaient réglés par les préfets pour les communes ayant un revenu inférieur à 100,000 francs et par décrets pour les autres ; l'autorité supérieure pouvait réduire ou rejeter les dépenses proposées, mais elle ne pouvait les augmenter ou en ajouter de nouvelles, sinon pour dépenses obligatoires.

Le décret de 1852 avait transféré au préfet le règlement de tous les budgets lorsqu'ils ne donnaient pas lieu à des *impositions extraordinaires* (tableau A, n° 35).

D'après l'article 2 du projet, les allocations portées au budget par le conseil municipal pour dépenses facultatives *ne pourront plus être, à l'avenir, ni changées ni modifiées* par l'arrêté du préfet ou par le décret impérial qui règle le budget, lorsque le budget communal pourvoira à toutes les dépenses obligatoires et qu'il n'appliquera aucune recette extraordinaire aux dépenses soit obligatoires, soit facultatives.

Cela revient à dire que les conseils municipaux, dans le

cas prévu par l'article, disposent souverainement des excédants de leurs recettes *ordinaires* sur leurs dépenses *obligatoires*. — On ne peut que faire des vœux pour que beaucoup de communes soient en situation de profiter de la liberté qui leur est accordée.

Les dépenses obligatoires sont énumérées dans l'article 30 de la loi de 1837 ; les recettes ordinaires dans l'article 31 et les recettes extraordinaires dans l'article 32 ; l'article 2 du projet se réfère nécessairement à ces articles. — Il n'est rien changé aux autres règles, sur les budgets, des articles 33 à 39 de ladite loi.

§ 3. *Règles nouvelles sur les centimes extraordinaires et les emprunts* (art. 3, 5 et 6)[1].

Les contributions extraordinaires, qu'il est si important de maintenir dans de sages limites, avaient été ainsi réglées par l'article 40 de la loi de 1837 :

Quand la contribution extraordinaire était destinée à subvenir à une dépense *obligatoire*, la délibération du conseil municipal devait être approuvée par le *préfet* pour les communes ayant moins de 100 000 francs de revenu, par *décret* impérial pour celles d'un revenu supérieur.

---

[1] 14 décembre 1789, art. 54 ; 7 germinal an X ; 15 nivôse an XIII ; 7 octobre 1812 ; 3 janvier et 28 novembre 1813 ; 23 septembre 1814, art. 14 et 15 ; 15 mai 1818, art. 39, 41 et suiv. ; 1er septembre 1819 ; 10 février 1821 ; 31 mai 1834 ; 18 juillet 1837, art. 32, 1°.

Si la contribution extraordinaire était destinée à une dépense *facultative*, le contrôle remontait d'un degré, l'approbation devait être accordée par un *décret* pour les villes ayant moins de 100,000 francs de revenu, par une *loi* pour les autres.

Le décret du 25 mars 1852, tableau A, n° 36, avait déjà modifié ces sages dispositions en attribuant aux préfets le pouvoir d'approuver les impositions extraordinaires, même pour dépenses *facultatives*, lorsqu'elles n'excéderaient pas *cinq années* et 20 *centimes* additionnels.

Quant aux *emprunts* [1], ils exigent une surveillance plus attentive encore : non-seulement ils impliquent le plus souvent une imposition extraordinaire, mais ils ajoutent aux charges des contribuables l'intérêt à payer au prêteur. De plus, surtout quand ils sont à long terme, ils favorisent la tendance à la prodigalité de la génération présente qui dépense d'autant plus facilement que le fardeau du remboursement doit peser sur les générations futures. Aussi l'article 41 de la loi de 1837 avait-il exigé, pour l'autorisation des emprunts, un *décret* impérial pour les communes ayant moins de 100,000 francs de revenu, une *loi* pour celles jouissant d'un revenu supérieur.

Ici encore, comme pour les contributions extraordinaires, le décret du 25 mars 1852 avait abaissé le con-

[1] Voir : édit d'avril 1683; lois, 14-18 décembre 1789, art. 54; 5-18 février 1791; 7-11 février 1791 ; 29 mars-3 avril 1791, art. 7; 10-17 juin 1791 ; 5-10 août 1791, art. 7 ; 15 mai 1818, art. 43 et 45 ; 18 juillet 1817, art. 41.

trôle en donnant au *préfet* le pouvoir d'autoriser les emprunts dont le terme de remboursement n'excédait pas *dix* ans, et quand ils devaient être remboursés sur ressources ordinaires ou sur ressources extraordinaires, rentrant dans la compétence des préfets.

Le projet va beaucoup plus loin.

L'article 3 *dispense de toute autorisation*, même de *celle du préfet*, les impositions extraordinaires votées par les conseils municipaux quand ces contributions n'excèdent pas le *maximum* à fixer chaque année par le *conseil général* et, dans tous les cas, *cinq centimes* pendant *cinq ans*.

Les conseils municipaux peuvent aussi, sans avoir besoin d'aucune approbation, voter 3 centimes extraordinaires, exclusivement affectés aux chemins vicinaux ordinaires.

Aucune approbation n'est nécessaire non plus pour les *emprunts* remboursables sur centimes extraordinaires votés dans la condition du paragraphe 1er de l'article 3, ou sur les ressources ordinaires quand, dans ce dernier cas, l'amortissement ne dépasse pas douze années.

Pour ces mesures si graves, le conseil municipal jouit d'une complète *initiative*. Trois garanties sont stipulées par le projet, en faveur des contribuables : — 1° en cas de désaccord entre le maire et le conseil, l'approbation du préfet deviendra nécessaire ; — 2° le préfet pourra annuler la délibération dans les termes de l'article 18 de la loi du 18 juillet 1837 ; — 3° enfin l'article 6 déclare applicable aux contributions et aux emprunts votés dans les termes des articles 3 et 5 la disposition si rationnelle et si équitable de l'article 42 de cette loi, qui exige que, pour les emprunts et contributions extraordinaires, les plus imposés soient appelés à délibérer avec le conseil municipal en nombre égal à celui des membres de ce conseil. Cette dernière garantie est plus nécessaire que jamais ; le suffrage universel compose souvent le conseil municipal des plus pauvres de la commune ; avec quelle facilité de tels conseils ne voteraient-ils pas des impôts dont ils doivent recueillir les profits, sans avoir à en supporter le fardeau ?

L'article 5 reconnaît aux conseils municipaux le droit de voter, *sauf approbation du préfet :*

« 1° Les *contributions extraordinaires* qui dépasseraient 5 centimes, sans excéder le *maximum* fixé par le conseil général[1] et dont la durée ne serait pas supérieure à douze années ;

« 2° Les *emprunts* remboursables sur ces mêmes contributions extraordinaires ou sur les revenus ordinaires dans un délai excédant douze années. »

Ce sont là, assurément, de graves innovations. S'il plaisait aux conseils généraux d'adopter le maximum de 20 centimes, il faut reconnaître que la plupart des emprunts et des impôts extraordinaires échapperaient à tout contrôle ou n'auraient à subir que le contrôle des préfets.

N'est-il pas à craindre qu'avec les facilités si grandes

[1] Le maximum peut aller jusqu'à 20 centimes. (Loi du 18 juillet 1866, art. 4.)

qu'offre la loi nouvelle, les taxes et les dettes communales, ne prennent, à l'avenir, un essor plus rapide encore, créant ainsi, pour des éventualités qu'il n'est pas interdit de prévoir, de sérieux embarras pour la situation financière du pays ?

N'est-ce pas aussi une nouveauté considérable que d'associer les conseils généraux, par la fixation d'un *maximum*, à l'exercice du droit de surveillance et de contrôle, qui avait toujours été considéré jusqu'ici comme l'un des attributs essentiels des pouvoirs législatif et exécutif?

Si ces considérations ne sont pas suffisantes pour soumettre le projet à un nouvel examen, au moins doivent-elles appeler sur cette partie de la loi la sérieuse attention de ceux qui doivent en diriger l'exécution.

Quoique conçu dans le même esprit que les articles 3 et 5, l'article 7 conserve au moins un contrôle sérieux.

« Toutes contributions extraordinaires dépassant le *maximum* fixé par le conseil général et tout emprunt remboursable sur ressources extraordinaires dans un délai excédant douze années sont autorisés par *décret impérial*.

« Le décret est rendu *en conseil d'Etat* s'il s'agit d'une commune ayant un revenu supérieur à 100,000 francs.

« Il est statué par une *loi*, si la somme à emprunter dépasse 1 million ou si ladite somme, réunie au chiffre d'autres emprunts non encore remboursés, dépasse 1 million. »

Ainsi l'intervention du pouvoir législatif disparaît complétement pour les contributions extraordinaires, quelle qu'en soit l'importance ; elle n'est plus conservée que pour les emprunts excédant 1 million, et de tels emprunts ne peuvent être contractés que par nos plus grandes villes.

§ 4. *Règles nouvelles sur les octrois* (art. 8, 9, 10).

Après avoir supprimé ou affaibli le contrôle pour les taxes *directes*, le projet le modifie également pour les taxes *indirectes*, c'est-à-dire pour les octrois.

Des trois articles consacrés à cet objet, les deux derniers (9 et 10) seuls contiennent des innovations ; l'article 8 ne fait que rappeler et maintenir les règles de la législation existante sur l'établissement des octrois.

La règle, qui n'a pas varié depuis 1814, est que nulle taxe d'octroi ne peut être établie ou modifiée que par un *décret rendu en conseil d'État* (ord. du 9 décembre 1814, art. 6). Avant d'être portée à l'assemblée générale, les projets de cette nature sont successivement examinés par la section de l'intérieur au point de vue des besoins de la commune, et par la section des finances au point de vue de la conformité des dispositions du projet avec les principes de la matière, ainsi que de l'influence qu'elles peuvent exercer sur le développement de l'industrie locale et sur la rentrée des contributions indirectes perçues au profit du Trésor.

Les boissons sont soumises à des régles spéciales. D'après la loi du 28 avril 1816, art. 149, nulle taxe d'octroi sur les boissons ne pouvait, à moins d'une ordonnance spéciale, dépasser le *droit d'entrée* perçu au profit du Trésor. — Le décret-loi du 17 mars 1852 disposa que toute taxe d'octroi qui serait trouvée supérieure au droit d'entrée (que ce même décret réduisait à moitié) serait ramenée au taux du droit d'entrée à partir du 1er janvier 1856. — Cette disposition, qui de fait n'a jamais reçu d'exécution, fut abrogée par la loi du 22 juin 1854, dont l'article 18 décide que les droits d'octroi sur les boissons ne pourront être supérieurs au double du droit d'entrée fixé par le tarif annexé au décret du 17 mars 1852. Le même article dispose qu'une *loi* sera nécessaire pour établir une taxe supérieure au double du droit d'entrée.

Le contrôle administratif en matière d'octroi se ramène donc à ces deux règles fort simples : le décret rendu en conseil d'État est la règle générale ; la loi n'intervient que très-exceptionnellement pour les taxes sur les boissons dépassant le double des droits d'entrée.

Le décret du 25 mars 1852, qui toucha à tant de choses, ne s'occupa nullement des octrois, ou du moins ne s'en occupa que pour confirmer la législation antérieure.

Conformément à ces principes, l'article 8 du projet dispose :

« Art. 8. L'établissement des taxes d'octroi votées par les conseils municipaux, ainsi que les règlements relatifs à leur perception, sont autorisés par décrets impériaux rendus sur l'avis du conseil d'État.

« Il en sera de même en ce qui concerne :

« 1° Les modifications aux règlements ou aux périmètres existants ;

« 2° L'assujettissement à la taxe d'objets non encore imposés dans le tarif local ;

« 3° L'établissement ou le renouvellement d'une taxe sur des objets non compris dans le *tarif général* indiqué ci-après ;

« 4° L'établissement ou le renouvellement d'une taxe excédant le maximum fixé par ledit tarif général. »

Venons maintenant aux innovations formulées dans les articles 9 et 10 du projet :

« Art. 9. Sont exécutoires, dans les conditions déterminées par l'article 18 de la loi du 18 juillet 1837, les délibérations prises par les conseils municipaux concernant :

« 1° La *suppression* ou la *diminution* des taxes d'octroi ;

« 2° La prorogation des taxes *principales* d'octroi, pour cinq ans au plus ;

« 3° L'augmentation des taxes jusqu'à concurrence d'un décime, pour cinq ans au plus ;

« Sous la condition toutefois qu'aucune des taxes ainsi maintenues ou modifiées n'excédera le maximum déterminé dans un *tarif général* qui sera établi, après avis des conseils généraux, par un règlement d'administration publique, *ou* qu'aucune desdites taxes ne portera sur des objets non compris dans le tarif.

« En cas de désaccord entre le maire et le conseil municipal, la délibération ne sera exécutoire qu'après *approbation* du préfet.

« Art. 10. Sont exécutoires sur l'approbation du préfet lesdites délibérations ayant pour but :

« 1° La prorogation des taxes *additionnelles* actuellement existantes ;

« 2° L'augmentation des taxes *principales* au delà d'un décime ;

« Dans les limites du maximum des droits et de la nomenclature des objets taxés par le tarif général. »

Ainsi, tandis que dans la législation existante, l'examen par le conseil d'État était *toujours* nécessaire, le projet supprime complétement l'intervention de ce grand corps et la remplace par le contrôle du préfet, s'exerçant, tantôt par voie d'*annulation*, tantôt par voie d'*approbation*.

A cette garantie, le projet en ajoute une autre, qui est elle-même une innovation considérable, à savoir : l'établissement d'un tarif général ou tarif-*type*, que le conseil d'État est chargé de dresser sur l'avis des conseils généraux, et qui fixera la nomenclature des objets susceptibles d'être frappés de droits d'octroi ainsi que le maximum de ces taxes. C'est seulement dans les limites du tarif-type que pourra s'exercer le pouvoir nouveau accordé aux conseils municipaux.

Assurément ce tarif-type peut devenir une barrière utile contre l'augmentation exagérée des taxes d'octroi ; mais il restera impuissant contre la suppression ou la *diminution* de ces taxes. Et cependant ne se rencontrera-t-il pas des conseils municipaux trop disposés à supprimer ou à diminuer les taxes d'octroi, *qui pèsent sur tous*, pour rejeter le fardeau des charges municipales sur les *centimes additionnels*, qui pèsent principalement sur les propriétaires ? — En cas d'excès, le préfet pourra sans doute annuler la délibération ; mais, en une matière si délicate, il y regardera certainement à deux fois avant de se faire une querelle avec un conseil municipal.

D'un autre côté, à raison des différences infinies qui existent entre nos communes sous le rapport de leur population, de leur richesse, de leurs besoins, des industries qui s'y exercent, du régime alimentaire et des habitudes qui varient avec le climat ou la situation géographique, combien un pareil type ne sera-t-il pas difficile à établir !

Personne assurément ne peut songer à un type unique. Le tarif général comprendra donc nécessairement autant de types qu'il y a de situations diverses pour les communes. Mais quelque soin qu'on y apporte, quelque nombreux que puissent être les types qui seront adoptés, les mailles du filet ne seront jamais assez serrées pour ne pas livrer passage à une partie plus ou moins considérable des abus qu'on voudrait prévenir. Jamais un tarif général, si ingénieusement qu'il soit combiné, ne pourra remplacer l'examen spécial que le conseil d'Etat faisait de chaque affaire, en tenant compte de toutes les variétés des situations.

N'est-il pas à craindre que l'initiative et le vote accordés aux conseils municipaux sur un sujet qui touche à tant de questions sociales et économiques ne devienne une pomme de discorde entre les diverses opinions ?

Votre commission aime à espérer que, dans l'exécution pratique de la loi, la haute sagesse du gouvernement saura éviter ou atténuer les inconvénients qui viennent d'être signalés.

§ 5. *Règles nouvelles sur l'établissement des marchés* (art. 11).

L'article 11 du projet n'a besoin d'aucune explication. il supprime, pour l'établissement des marchés d'approvisionnement, autrement dit de *menues denrées*, l'avis préalable du conseil d'arrondissement et du conseil général qu'exigeait la loi du 16 mai 1838 ; mais il maintient la nécessité de l'autorisation du préfet, conformément au décret du 25 mars 1852, tableau B, n° 2.

§ 6. *Emprunts par les établissements charitables*
(art. 12).

Les délibérations des *commissions administratives* des établissements communaux ont été assimilées à celles des communes par la loi du 7 avril 1850, soumises par conséquent pour les emprunts aux dispositions des articles 40 et 41 de la loi du 18 juillet 1837. Par suite de cette assimilation, on a pensé que les règles applicables aux délibérations des commissions administratives pouvaient recevoir des modifications analogues : de là l'article 12, qui ne comporte pas d'ailleurs de plus amples explications.

« Art. 12. Les délibérations des commissions administratives des hospices, hôpitaux et autres établissements charitables communaux, concernant un emprunt, sont exécutoires en vertu d'un *arrêté du préfet*, sur un avis conforme du conseil municipal, lorsque la somme à emprunter ne dépasse pas le chiffre des *revenus ordinaires* de l'établissement, et que le remboursement doit être effectué dans un délai de douze années.

« Si la somme à emprunter dépasse ledit chiffre, ou si le délai de remboursement est supérieur à douze années, l'emprunt ne peut être autorisé que par un *décret de l'Empereur*.

« Le décret d'autorisation est rendu dans la forme des *règlements d'administration publique, si l'avis du conseil municipal est con-traire* ou s'il s'agit d'un établissement ayant plus de 100,000 francs de revenu.

« L'emprunt ne peut être autorisé que par une *loi*, lorsque la somme à emprunter dépasse 300,000 francs, ou lorsque ladite somme, réunie au chiffre d'autres emprunts non encore rembour-sés, dépasse 500,000 francs. »

§ 7. *Circonscriptions des communes.*

Les changements dans la circonscription des communes avaient été considérés par la constitution de 1791 (tit. II, art. 8) comme étant du domaine de la loi ; bien que cette règle n'eût été abrogée par aucune loi, l'Empire et la Restauration s'étaient arrogé le droit de modifier les circonscriptions communales par décrets et ordonnances.

La loi de 1837 trancha la difficulté par un tempérament fort sage.

Elle réserva à la loi : 1° les réunions ou distractions de communes qui modifiaient la composition d'un département, d'un arrondissement ou d'un canton ; 2° celles qui, sans modifier le département, l'arrondissement ou le canton, n'avaient pas été consenties par les conseils municipaux des communes intéressées ou, à défaut de ce consentement, n'avaient pas obtenu l'assentiment du conseil général du département.

Dans tous les autres cas, les réunions et distractions pouvaient être prononcées par une ordonnance, aujourd'hui un décret de l'Empereur.

Bien que les affaires de cette nature aient rarement un caractère d'urgence, le projet a jugé convenable d'attribuer au préfet l'approbation définitive des changements de circonscriptions quand ces changements ne modifieront pas la circonscription du canton ; qu'ils seront consentis par tous les conseils municipaux intéressés (ce qui, en pratique, arrivera bien rarement), et que le conseil général aura émis un avis favorable.

Voici, du reste, les termes du projet :

« Art. 13. Les changements dans la circonscription territoriale des communes faisant partie du même canton sont définitivement approuvés par les *préfets*, après accomplissement des formalités prévues au titre 1 de la loi du 18 juillet 1837, en cas de consentement des conseils municipaux et sur avis conforme du conseil général.

« Si l'avis du conseil général est contraire, ou si les changements proposés dans les circonscriptions modifient la composition d'un département, d'un arrondissement ou d'un canton, il est statué par une *loi*.

« Tous autres changements dans la circonscription territoriale des communes sont autorisés par des *décrets rendus dans la forme des règlements d'administration publique.* »

§ 8. *Bureaux de bienfaisance* (art. 14).

Les bureaux de bienfaisance ont été créés par la loi du 7 frimaire an V ; leur organisation, leurs attributions, leur comptabilité ont été réglées par divers actes, dont le principal est assurément l'ordonnance du 31 octobre 1821[1].

[1] Voir : arrêtés, décrets et ordonnances du 9 fructidor an IX ;

Les bureaux de bienfaisance sont capables de posséder, d'acquérir, de recevoir des dons et legs, d'ester en justice, etc. : ils sont donc de véritables *personnes civiles*, distinctes des communes, bien qu'ayant avec celles-ci de nombreux points de contact. Aussi le décret du 25 mars 1852, si porté qu'il fût à substituer les préfets au pouvoir central, avait-il réservé au gouvernement le droit d'autoriser la création des bureaux de bienfaisance (tableau A, n° 55, lettre *y*).

Ce que le décret de 1852 n'avait point fait, l'article 14 du projet propose de le faire.

« Art. 14. La création des bureaux de bienfaisance est autorisée par les *préfets*, sur l'avis des conseils municipaux. »

Au point de vue pratique, cette innovation ne présente pas peut-être de grands inconvénients. Si le bureau fonctionne, même incomplétement, le bien qu'il aura fait sera toujours autant de gagné pour les pauvres ; si, faute de ressources, il ne peut fonctionner, il ne saurait en résulter beaucoup de dommage pour personne.

Mais, au point de vue des principes, l'innovation n'est pas sans gravité : c'est en effet une règle fondamentale de notre droit public, qu'une personne civile ne peut exister qu'en vertu d'une loi ou d'un acte du gouvernement, par délégation de la loi ; et c'est la première fois assurément

16 juin 1806 ; 12 juillet 1807 ; 4 juillet 1812 ; 2 juillet 1816 ; 4 mai 1825 ; 24 décembre 1826 ; 29 avril 1831.

qu'une attribution si haute est dévolue à un simple ma-
gistrat local.

§ 9. *Dispositions concernant les villes ayant 3 millions de revenu* (art. 15, 16, 17)[1].

Jusqu'ici, le projet est allé, dans la voie de la décentralisation, bien au delà du décret du 25 mars 1852 ; les
articles 16 et 17 sont inspirés par une pensée opposée,
que l'exposé des motifs explique en ces termes :

« Le décret du 25 mars 1852 a soustrait à l'examen de
l'autorité centrale et placé sous le contrôle des préfets les
affaires des grandes villes, même les *budgets*, les *traités* à
passer pour l'exécution des travaux déclarés d'utilité publique et la concession, pour une longue durée, des principaux services municipaux.

« L'article 7 du même décret a exclu du bénéfice de ses
dispositions l'administration du département de la Seine
et de la ville de Paris.

[1] En ce moment, ces villes sont au nombre de cinq seulement :
Paris, Marseille, Lyon, Bordeaux et Rouen. Après elles viennent :
Lille, 2,449,500 francs ; Nantes, 2,428,361 francs ; Toulouse,
2,041,136 ; puis viennent le Havre, Toulon, Strasbourg, Roubaix,
Nîmes, Amiens, Montpellier, Versailles, Nice.
Quant aux établissements de bienfaisance que l'article soumet
aux mêmes règles que les villes, ceux de Paris seuls ont un revenu
ordinaire supérieur à 3 millions : il est de 20,800,000 francs. Les
établissements les plus riches après ceux de Paris sont ceux de
Lyon, dont le revenu ordinaire est de 2,900,000 francs.

« L'expérience a démontré que, sur ce point, le décret de 1852 offre un double inconvénient : il décentralise *trop* les affaires importantes des grandes villes et *pas assez* les affaires ordinaires de la ville de Paris et du département de la Seine.

« Dans les villes principales de l'empire, comme à Paris, les grandes affaires ont une importance et une gravité exceptionnelles ; elles se rattachent souvent à des questions d'ordre public, et l'intérêt municipal y touche presque toujours à l'intérêt de l'Etat.

« Le projet propose, d'une part, de soumettre au contrôle du pouvoir central les budgets, les traités et les concessions à long terme dans les villes ayant 3 millions au moins de revenu ; de l'autre, et pour les affaires ordinaires, de placer Paris, comme toutes les villes, sous un seul et même régime, le droit commun. »

La commission du Corps législatif avait proposé d'étendre les articles 15 et 16 aux villes ayant 1 million, ce qui aurait compris Lille, Nantes, le Havre, Toulouse, Toulon, Strasbourg, Roubaix, Nîmes, Amiens, Montpellier, Versailles et Nice ; mais elle n'a pas cru devoir persister dans sa proposition.

Les articles 15, 16, 17 ne sont que la traduction des idées énoncées dans l'exposé des motifs. La commission du Corps législatif a réparé un oubli du projet primitif en plaçant sur la même ligne que Paris, Lyon, dont l'administration municipale a tant d'analogie avec celle de la capitale.

« Art. 15. Les budgets des villes et des établissements de bienfaisance ayant 3 millions au moins de revenu sont soumis à *l'approbation de l'Empereur, sur la proposition du ministre de l'intérieur.*

« Art. 16. Les traités à passer pour l'exécution, par entreprises, des travaux d'ouverture des nouvelles voies publiques et de tous autres travaux communaux déclarés d'utilité publique dans lesdites villes sont approuvés par *décrets rendus en conseil d'État.*

« Il en est de même des traités portant concession, à titre exclusif ou pour une durée de plus de trente années, des grands services municipaux desdites villes, ainsi que des tarifs et traités relatifs aux pompes funèbres.

« Art. 17. Les dispositions de la présente loi et celles de la loi du 18 juillet 1837 et du décret du 25 mars 1852 qui sont encore en vigueur, sont applicables à l'administration de la ville de Paris et de la ville de Lyon.

« Les délibérations prises par les conseils municipaux desdites villes sur les objets énumérés dans les articles 1er et 9 de la présente loi ne sont exécutoires, en cas de désaccord entre le préfet et le conseil municipal, qu'en vertu d'une approbation donnée par *décret impérial.*

« Aucune imposition extraordinaire ne peut être établie dans ces villes, aucun emprunt ne peut être contracté par elles sans qu'elles y soient autorisées par une *loi.*

« Il n'est pas dérogé aux dispositions spéciales concernant l'organisation des administrations de l'assistance publique, du mont-de-piété et de l'octroi de Paris. »

De la discussion animée qui a eu lieu au Corps législatif sur l'organisation spéciale des deux villes de Paris et de Lyon il résulte que, dans la pensée du gouvernement comme dans celle du Corps législatif, cette organisation ne doit pas être considérée comme provisoire et temporaire, mais comme normale et définitive.

§ 10. *Renouvellement des conseils municipaux* (art. 18).

L'article 18, d'ailleurs parfaitement étranger à la pensée de décentralisation qui forme l'objet principal du projet de loi, tranche l'une des questions les plus difficiles de l'organisation municipale, celle de la durée des fonctions et du mode de renouvellement des conseils municipaux. Bien des combinaisons ont été essayées, dont chacune a ses avantages et ses inconvénients, ainsi qu'il arrive de presque toutes les œuvres de l'homme.

La *courte durée* des fonctions est plus conforme au principe de la souveraineté du peuple et aux idées démocratiques, parce qu'elle tient l'élu dans une dépendance plus absolue des électeurs, c'est-à-dire du peuple ; aussi les Américains ont-ils, dans la plupart des Etats, limité à une ou deux années la durée des fonctions. — Mais un tel système, à moins qu'il ne soit fortement tempéré par les mœurs, est incompatible avec la bonne conduite des affaires et la dignité personnelle des fonctionnaires. Quelle suite dans les idées et dans les actes attendre d'autorités si fréquemment renouvelées ? Quelle indépendance et quelle dignité espérer de fonctionnaires qui, à peine entrés en fonctions, ont à se préoccuper de la prochaine réélection ? Aussi M. de Tocqueville a-t-il remarqué qu'en Amérique les hommes les plus distingués sont rarement appelés à la direction des affaires publiques, et que même ils s'en éloignent spontanément. — D'un autre côté, si la rareté des élections a le danger d'exposer le pays à des crises plus profondes, leur fréquence l'entretient dans une agitation fébrile et produit la versatilité dans la direction des affaires.

Le renouvellement *par séries* des corps électifs évite les brusques transitions d'un système à un système contraire; il maintient les traditions et donne à l'administration plus de stabilité et de suite; mais on lui reproche de mettre en présence, dans le même conseil, des hommes qui, élus à diverses époques, peuvent représenter des courants d'opinion très-opposés; et ce peut être là pour ces conseils une cause de trouble et de division.

Ces divers systèmes ont été essayés en France pour la nomination des conseils municipaux : s'il n'ont pas produit, d'une façon très-saillante, les résultats qui en sont la conséquence naturelle, c'est qu'ils ont été constamment contenus par le contrôle de l'autorité supérieure.

La durée des fonctions des conseils communaux a été successivement de *deux* ans sous la loi de 1789, d'*une* année sous la Constitution de 1793, de *deux* ans sous la Constitution de l'an III, avec renouvellement par moitié chaque année; de *trois* ans, d'après la loi de l'an VIII. Le sénatus-consulte du 16 thermidor an X décida que les conseils municipaux devaient se renouveler par moitié tous les *dix* ans, ce qui portait à vingt ans la durée de leurs fonctions. Du reste, de l'an VIII et surtout de 1806 à 1831 la durée des fonctions avait beaucoup perdu de son im-

portance, puisque les conseillers municipaux étaient nommés par les préfets. La loi du 21 mars 1831 fixa la durée
des conseils municipaux à *six* ans, avec renouvellement par
moitié tous les trois ans. La loi du 5 mai 1855 adopta le
renouvellement intégral tous les *cinq* ans.

Le projet du Gouvernement était revenu au renouvellement par séries ; il proposait de porter de cinq à *neuf* ans
la durée des fonctions des conseillers municipaux, avec renouvellement par tiers tous les trois ans. — L'exposé des
motifs justifiait l'augmentation dans la durée des fonctions
par la nécessité de donner aux élus le temps de s'initier à
leurs fonctions ; il justifiait le renouvellement par séries
par cette remarque qu'avec le renouvellement intégral des
projets votés, approuvés, ayant même reçu un commence-
ment d'exécution, peuvent être remis en question par une
nouvelle assemblée. — Il faisait en outre remarquer que
le système proposé aurait l'avantage de mettre l'élection
des conseils municipaux en harmonie avec celle des conseils généraux. — Une disposition transitoire (art. 30) devait même, dans la pensée des auteurs du projet, assurer
la coïncidence de la triple élection des conseils municipaux,
des conseils d'arrondissement et des conseils généraux,
coïncidence qui aurait prévenu la trop grande fréquence
des réunions électorales qui agitent toujours plus ou moins
le pays.

La commission du Corps législatif, puis le Corps législatif, ne se sont point rendus à ces raisons.

On ne contestait point les avantages que présenterait la

coïncidence des diverses élections, mais on objectait que cette coïncidence serait toujours incomplète ; et l'on avait raison : en effet, les conseils généraux et d'arrondissemeut se renouvelant *par séries de cantons,* les élections municipales ne pourraient coïncider avec les élections départementales que dans *un tiers,* et avec celles des conseillers d'arrondissement que dans la *moitié* des cantons. Cette objection est loin d'être péremptoire ; car, si la coïncidence des diverses espèces d'élections est un bien, mieux vaut l'obtenir dans le tiers et la moitié des cantons que de ne l'avoir pas du tout. — Quoi qu'il en soit, le Corps législatif a repoussé le renouvellement par séries comme entraînant de trop fréquentes élections, et il a préféré le renouvellement intégral, en portant la durée des fonctions à *sept* ans.

A cette occasion, on s'est préoccupé d'une autre question : convenait-il de faire coïncider le renouvellement des maires avec celui des conseils municipaux, en donnant la même durée aux fonctions des uns et des autres, ainsi que l'avait fait la loi du 5 mai 1855 ?

Cette coïncidence aurait eu l'avantage de mieux assurer l'homogénéité du corps municipal ; mais elle avait un double inconvénient. Comme, en effet, tout en réservant le droit qu'il tient de l'article 57 de la Constitution, le Gouvernement prend, le plus possible, le maire parmi les conseillers municipaux, une majorité hostile eût pu, en excluant systématiquement du conseil municipal un citoyen d'ailleurs très-méritant, rendre plus difficile sa nomination comme maire : ainsi la prérogative impériale eût été moins libre et le maire moins indépendant.

Telles sont les principales considérations qui ont déterminé le Corps législatif à adopter le renouvellement intégral tous les sept ans, tout en conservant aux fonctions de maire la durée de cinq ans établie par la loi de 1855.

Sans s'exagérer l'importance pratique de ces questions, votre commission regrette que le système du projet primitif n'ait pas obtenu la préférence.

Nous n'avons plus que quelques mots à dire des articles qui, sous la rubrique très-exacte de *Dispositions diverses*, forment le dernier titre du projet; nous y joindrons l'article 4, qui s'y trouve plus à sa place que dans le titre Ier.

§ 11. *Bois et forêts de l'État* (art. 4).

Les biens de l'État ne sont point soumis à l'impôt, par la raison fort simple que l'État recevrait d'une main ce qu'il payerait de l'autre. C'est d'ailleurs un principe de droit que toute dette s'éteint si les qualités de créancier et de débiteur viennent à se réunir sur la même tête (Code Nap., art. 1300). Cette règle, évidente d'elle-même quand il s'agit du *principal* de l'impôt perçu au profit du Trésor, avait été appliquée aux centimes additionnels départementaux et communaux, bien que, pour les taxes perçues au profit des départements et des communes, on ne pût invoquer les mêmes raisons que pour le principal : de là de nombreuses et persévérantes réclamations de la part des communes et des départements.

La loi du 21 mai 1856 et celle du 12 juillet 1865 avaient déjà fait droit à ces réclamations en ce qui concerne les centimes pour *chemins vicinaux* et *chemins de fer départementaux ;* et cela était juste, car la plus-value qui résulte de tels travaux profite aux biens de l'Etat comme à ceux des particuliers.

On ne saurait certainement en dire autant des autres centimes *additionnels*, par exemple de ceux destinés aux dépenses de l'instruction publique et des cultes, qui évidemment ne profitent point à l'Etat, en tant que propriétaire. Et toutefois, dans une pensée de conciliation, le Gouvernement a consenti à contribuer à tous les centimes communaux, mais seulement dans la proportion de la moitié de leur revenu imposable.

L'article 4 du projet ne fait au surplus qu'étendre aux centimes communaux ce qui avait été déjà décidé pour les centimes départementaux par la loi du 18 juillet 1866.

« Art. 4. A l'avenir, les *forêts et les bois* de l'Etat acquitteront les *centimes additionnels* ordinaires et extraordinaires affectés aux dépenses des communes dans la proportion de la moitié de leur valeur imposable, le tout sans préjudice des dispositions de l'article 13 de la loi du 21 mai 1836, de l'article 3 de la loi du 12 juillet 1865 et du paragraphe 2 de l'article 3 de la présente loi. »

§ 12. *Élections dans les communes divisées en plusieurs sections* (art. 19).

L'article 7 de la loi du 5 mai 1855 porte :

« Art. 7 Le préfet peut, par un arrêté pris en conseil de préfecture, diviser les communes en sections électorales.

« Il peut, par le même arrêté, répartir entre les sections le nombre des conseillers à élire, en tenant compte du nombre des électeurs inscrits. »

L'article 19 du projet complète cette disposition de la loi de 1855, en établissant un délai de dix jours entre l'arrêté et la réunion des électeurs.

« Art. 19. Dans le cas où une commune sera divisée en sections pour l'élection des conseillers municipaux, conformément à l'article 7 de la loi du 5 mai 1855, la réunion des électeurs ne pourra avoir lieu avant le dixième jour à compter de l'arrêté du préfet. »

§ 13. *Gardes champêtres* (art. 20).

D'après l'article 16 du Code d'instruction criminelle, les gardes champêtres, considérés comme officiers de police judiciaire, sont chargés de rechercher, dans le territoire pour lequel ils sont assermentés, les délits et contraventions qui auront porté atteinte aux *propriétés rurales.*

Par suite de ces expressions limitatives de la loi, les

gardes champêtres n'avaient aucun caractère pour constater les contraventions en matière de *voirie urbaine*, et les procès-verbaux qu'ils auraient dressés ne faisaient point foi en justice, même jusqu'à preuve contraire, ainsi que l'ont jugé de nombreux arrêts de la Cour de cassation.

A défaut du garde champêtre, c'était donc sur le maire lui-même que retombait le soin de rechercher les contraventions à la voirie urbaine, de faire la police des cabarets et autres lieux publics, etc.; c'était là une situation pleine d'inconvénients.

L'article 20 y remédie en conférant aux gardes champêtres le droit de constater toutes les contraventions aux règlements de police municipale.

« Art. 20. Les gardes champêtres sont chargés de rechercher, chacun dans le territoire pour lequel il est assermenté, les contraventions aux règlements de police municipale. Ils dressent des procès-verbaux pour constater ces contraventions. »

§ 14. *Maires et adjoints* (art. 21).

L'article 9 de la loi du 5 mai 1855 reproduisant l'article 18 de la loi du 21 mars 1831 porte que *nul ne peut être membre de plusieurs conseils municipaux.*

Dans la loi de 1831, qui exigeait que les maires et adjoints fussent pris parmi les conseillers municipaux, cette disposition impliquait nécessairement l'impossibilité d'être maire dans une commune, conseiller municipal dans une autre.

Sous l'empire de la Constitution actuelle, qui permet de prendre les maires en dehors du conseil municipal, le cumul de ces fonctions restait évidemment contraire à l'esprit de la loi, mais n'était prohibé par aucun texte formel. C'est pour prévenir tout doute à cet égard qu'est proposé l'article 21, ainsi conçu :

« Art. 21. Nul ne peut être maire ou adjoint dans une commune et conseiller municipal dans une autre commune. »

§ 15. *Commissions municipales* (art. 22).

D'après l'article 13 de la loi du 5 mai 1855, en cas de dissolution d'un conseil municipal prononcée par décret impérial, la commission nommée pour en faire les fonctions pouvait être maintenue jusqu'au renouvellement quinquennal. En supposant la dissolution prononcée dès la première année, la commission municipale pouvait donc durer cinq ans.

La loi nouvelle portant à sept ans le renouvellement des conseils municipaux, devait-on donner au gouvernement le droit de laisser une commune privée de sa représentation normale pendant le reste de la période septennale ?

On a pensé, non sans raison, que le maintien pendant un si long temps d'un régime exceptionnel serait excessif, et qu'un délai de trois années devait suffire, au moins en général, pour donner aux passions locales le temps de se calmer.

De là l'article 22, auquel votre commission ne peut que donner son approbation.

« Art. 22. La commission nommée en cas de dissolution d'un conseil municipal, conformément à l'article 13 de la loi du 5 mai 1855, peut être maintenue en fonctions pendant trois ans. »

§ 16. *Abrogation de l'article 50 de la loi du 5 mai 1855* (art. 23).

L'article 50 de la loi du 5 mai 1855 était ainsi conçu :

« Art. 50. Dans les communes chefs-lieux de département, dont la population excède 40,000 âmes, le préfet remplit les fonctions de *préfet de police* telles qu'elles sont réglées par les dispositions actuellement en vigueur de l'arrêté des consuls du 12 messidor an VIII.

« Toutefois les maires desdites communes restent chargés, sous la surveillance des préfets et sans préjudice des attributions, tant générales que spéciales, qui leur sont conférées par les lois :

« 1° De tout ce qui concerne l'établissement, l'entretien, la conservation des édifices communaux, cimetières, promenades, places, rues et voies publiques ne dépendant pas de la grande voirie ; l'établissement et la réparation des fontaines, aqueducs, pompes et égouts ;

« 2° De la police municipale, en tout ce qui a rapport à la sûreté et à la liberté du passage sur la voie publique, à l'éclairage, au balayage, aux arrosements, à la solidité et à la salubrité des constructions privées ;

« Aux mesures propres à prévenir et à arrêter les accidents et fléaux calamiteux, tels que les incendies, les épidémies, les épizooties, les débordements ;

« Aux secours à donner aux noyés ;

« A l'inspection de la salubrité des denrées, boissohs, comestibles et autres marchandises mises en vente publique et de la fidélité de leur débit ;

« 3° De la fixation des mercuriales ;

« 4° Des adjudications, marchés et baux.

« Les conseils municipaux desdites communes sont appelés chaque année à voter, sur la proposition du préfet, les allocations qui doivent être affectées à chacun des services, dont les maires cessent d'être chargés. Ces dépenses sont obligatoires.

« Si un conseil n'allouait pas les fonds exigés pour ces dépenses, ou n'allouait qu'une somme insuffisante, l'allocation nécessaire serait inscrite au budget par décret impérial, le conseil d'Etat entendu. »

Cette disposition laissait subsister en entier dans les villes, d'ailleurs peu nombreuses, auxquelles elle peut être applicable[1] l'élection directe des conseils municipaux par les habitants et toute l'organisation que vous connaissez ; elle conservait au maire toute la *police municipale* et se bornait en définitive à transporter au préfet les attributions relatives à la *sûreté générale*, qui, dans les autres communes, sont *déléguées* aux maires ; elle se pouvait donc justifier, en droit aussi bien qu'en fait.

« En droit (disait votre rapporteur à la séance du 24 avril 1835), le maire, depuis 1789, a un double carac-

[1] Les chefs-lieux de département ayant plus de 40,000 habitants sont seulement au nombre de dix-huit, en laissant de côté Paris et Lyon, qui restent soumis à un régime spécial, savoir : Amiens, Angers, Besançon, Bordeaux, Le Mans, Lille, Limoges, Marseille, Metz, Montpellier, Nancy, Nantes, Nîmes, Orléans, Rennes, Rouen, Strasbourg et Toulouse.

tère. S'il est le *représentant de la commune* pour toutes les affaires qui tiennent à l'intérêt particulier de la localité, il est *agent de l'Etat* pour tout ce qui est en dehors des questions purement locales, et notamment quand il concourt à l'exécution des lois de *police générale*. Les fonctions de cet ordre, évidemment étrangères au pouvoir municipal, n'appartiennent au maire que par délégation de l'administration générale et, par conséquent, peuvent être plus étendues ou plus restreintes, sans que le pouvoir municipal en soit le moins du monde altéré.

« En fait, il est trop certain que, dans les grandes villes, où affluent les étrangers et ceux qui sentent le besoin de cacher plus facilement une vie irrégulière, la police n'était pas suffisamment assurée. Avec les meilleures intentions, les maires de ces grandes villes, absorbés par les affaires communales et les soins de l'édilité, n'avaient ni le temps ni les moyens de surveiller ces éléments de désordre. Pour être efficace, en effet, une telle surveillance exige, soit avec l'administration centrale, soit avec les autres autorités de l'empire, des rapports suivis, joints à des moyens d'action qui ne sauraient appartenir à l'autorité municipale et qui sont, au contraire, dans la mesure la plus large, à la disposition des préfets.

« La loi fondamentale du 28 pluviôse an VIII contenait au surplus une disposition analogue. En conservant, dans quelques grandes villes, la division en municipalités, le législateur de l'an VIII avait compris la nécessité de centraliser, dans la main d'un fonctionnaire supérieur, tout ce

13

qui touche à l'ordre public et à la sûreté générale ; il y avait établi, en conséquence, des *commissaires généraux de police*, dont les fonctions étaient à peu près les mêmes que celles du préfet de police à Paris. »

L'article 50, irréprochable au point de vue des principes, se justifiait donc, en fait, par d'assez bonnes raisons. Mais soit que certains préfets n'aient pas su user avec le tact convenable des attributions que l'article leur conférait, soit susceptibilité exagérée de la part des maires des grandes villes, toujours est-il que l'article 50 était devenu l'objet de réclamations auxquelles le gouvernement a jugé convenable de donner satisfaction, en consentant, après de laborieuses négociations entre le conseil d'Etat et la commission du Corps législatif, à l'abrogation de cet article, sous certaines réserves toutefois que le texte fait suffisamment connaître.

« Art. 23. L'article 50 de la loi du 5 mai 1855 est abrogé.

« Toutefois, dans les villes chefs-lieux de département ayant plus de 40,000 âmes de population, l'organisation du personnel chargé des services de la police est réglée, sur l'avis du conseil municipal, par un décret impérial, le conseil d'Etat entendu.

« Les inspecteurs de police, les brigadiers, sous-brigadiers et agents de police sont nommés par le préfet, sur la présentation du maire.

« Si un conseil municipal n'allouait pas les fonds exigés pour la dépense, ou n'allouait qu'une somme insuffisante, l'allocation nécessaire serait inscrite au budget par décret impérial, le conseil d'Etat entendu. »

En résumé, messieurs les sénateurs, de l'examen très-attentif auquel votre commission s'est livrée est résultée pour elle la conviction que, si les concessions faites par le projet aux préjugés existant contre la centralisation administrative peuvent avoir des inconvénieuts de plus d'un genre, ces inconvénients ne sont point toutefois assez graves pour qu'il y ait lieu de soumettre le projet de loi à un nouvel examen du Corps législatif.

Le projet ne contenant d'ailleurs rien de contraire à la constitution, votre commission vous propose de déclarer que le Sénat ne s'oppose pas à sa promulgation.

LOI DU 11 JUILLET 1868

RELATIVE

A L'ACHÈVEMENT DES CHEMINS VICINAUX

ET A LA CRÉATION

D'UNE CAISSE SPÉCIALE POUR LEUR EXÉCUTION

ART. 1er. — Une subvention de 100 millions, payable en dix annuités, à partir de 1869, est accordée aux communes pour faciliter l'achèvement des chemins vicinaux ordinaires dont la longueur kilométrique aura été approuvée, pour chaque département, par un arrêté du ministre de l'intérieur, avant la répartition de la première annuité.

ART. 2. — Chaque annuité sera répartie entre les départements par un décret délibéré en conseil d'Etat, en ayant égard aux besoins, aux ressources et aux sacrifices des communes et des départements.

Un dixième pourra être réservé pour être appliqué directement, après avis de la section de l'intérieur du conseil d'Etat, aux besoins exceptionnels dans les départements dont le centime est d'un produit inférieur à 20,000 francs.

Dans chaque département, la subvention de l'Etat et celle du département seront réparties entre les communes par le conseil général, sur la proposition du préfet et suivant les bases indiquées par le paragraphe 1er du présent article.

Art. 3. — Dans les communes dont les charges extraordinaires excèdent 10 centimes, les conseils municipaux pourront, pendant la période d'exécution de la présente loi, opter entre une journée de prestation et les 5 centimes extraordinaires autorisés par l'article 5 de la loi du 24 juillet 1867.

Art. 4. — Une nouvelle subvention de 15 millions est affectée, en dix ans, à partir de 1869, à l'achèvement des chemins vicinaux actuellement désignés comme chemins d'intérêt commun.

Chaque annuité sera répartie entre les départements et les communes conformément aux paragraphes 1 et 3 de l'article 2 de la présente loi.

Art. 5.— Dans les départements dont le centime est d'un produit inférieur à 20,000 francs, le conseil général pourra appliquer aux chemins vicinaux de grande communication la moitié des subventions accordées en vertu du paragraphe 1er de l'article 2 et de l'article 4 de la présente loi; la délibération qu'il aura prise à cet effet ne sera exécutoire qu'après avoir été approuvée par décret impérial.

Art. 6. — Il est créé, sous la garantie de l'Etat, une caisse des chemins vicinaux chargée de faire, pendant dix ans, aux communes dûment autorisées à emprunter, les

avances nécessaires pour l'achèvement des chemins vicinaux ordinaires.

Ces avances ne pourront excéder la somme de 200 millions, dont la répartition entre les départements sera faite
et pourra être modifiée par un décret délibéré en conseil
d'Etat.

ART. 7. — Les départements dont les conseils généraux
en feraient la demande peuvent emprunter à ladite caisse
aux lieu et place des communes qui ne pourraient user de
la faculté ouverte par l'article précédent; les emprunts
contractés dans ces conditions ne pourront, en aucun cas,
être affectés à la subvention que les départements accorde-
ront aux chemins vicinaux ordinaires.

Les départements dont le centime est d'un produit inférieur à 20,000 francs pourront emprunter à la même caisse
les sommes nécessaires pour l'achèvement des chemins
vicinaux de grande communication actuellement classés et
celui des chemins vicinaux d'intérêt commun désignés dans
l'article 4 de la présente loi.

La délibération que le conseil général aura prise à cet
effet ne sera exécutoire qu'après avoir été approuvée par
décret impérial.

ART. 8. — La caisse des chemins vicinaux est gérée par
l'administration de la caisse des dépôts et consignations;
elle pourvoira aux dépenses prévues par les articles précédents au moyen de la partie disponible des fonds déposés
par les communes et établissements publics au Trésor et à
la caisse des dépôts et consignations.

En cas de besoin, elle pourra être autorisée par un décret impérial à créer et à émettre des titres négociables
portant intérêt, amortissables en trente années, dans la
forme et aux conditions qui auront été approuvées par le
ministre des finances.

ART. 9. — Les communes et les départements seront
libérés de ces avances par le payement de trente annuités
de 4 pour 100 des sommes empruntées.

Il sera tenu compte à la caisse, par le Trésor, tant de la
dépense complémentaire d'amortissement que des divers
frais de gestion de la caisse.

ART. 10. — Chaque année, le ministre de l'intérieur et
le ministre des finances rendront compte à l'empereur de
la distribution des subventions, de la marche des travaux,
des opérations de la caisse, dans un rapport qui sera com-
muniqué au Sénat et au Corps législatif.

RELATIVE AUX CHEMINS VICINAUX .

(22 septembre 1868).

Monsieur le préfet, par une circulaire du 11 août dernier, je provoquais le concours des conseils généraux des départements pour l'achèvement des chemins vicinaux.

Les conseils généraux ont répondu à cet appel avec un empressement dans lequel on retrouve une nouvelle preuve de l'importance que le pays attache à l'exécution de cette entreprise. La faveur avec laquelle ils avaient accueilli le projet ne s'est pas démentie lorsqu'il s'est agi d'en assurer l'exécution. Pénétrés de cette conviction que la construction du réseau de la petite vicinalité compensera des charges momentanées par un développement de richesse bien supérieur, quelques-uns ont voté des sacrifices d'une importance tout à fait exceptionnelle; les autres, en grande majorité, ont alloué des sommes considérables; si quelques-uns se sont montrés moins larges, c'est presque toujours que la situation financière du département leur interdisait de faire plus. Bien que plusieurs d'entre eux n'aient pas cru devoir envisager la période décennale tout entière et n'aient créé des ressources que pour les premières années ou même pour le prochain exercice, on peut affirmer dès à présent qu'en ce qui concerne le concours des départements, les prévisions du programme approuvé par l'Empereur ne seront point déçues.

Les départements ont donc répondu à l'attente du gouvernement ; c'est maintenant aux communes à accomplir leur tâche. Vous aurez vous-même, monsieur le préfet, à leur en faciliter l'exécution en cherchant à faire pénétrer dans les conseils municipaux l'intelligence claire et complète des dispositions de la loi et des avantages qu'elle offre aux populations. Pour y réussir, la collaboration la plus active des sous-préfets, des maires, des agents du service vicinal est indispensable ; rarement ils auront consacré leurs efforts à une œuvre plus digne du gouvernement, plus féconde pour la prospérité du pays. Je vais moi-même essayer de simplifier leur œuvre et la vôtre, en vous adressant quelques explications sur l'exécution des articles de la loi du 11 juillet 1868, en ce qui concerne les communes.

Assiette du réseau subventionné.

La longueur kilométrique attribuée à votre département ayant été réglée par un arrêté ministériel, et la nomenclature des chemins compris dans le réseau subventionné ayant été fixée par vous sur l'avis de la commission départementale, vous n'aurez plus, monsieur le préfet, qu'à notifier aux communes intéressées les décisions que vous aurez prises.

Il y a lieu de remarquer seulement que les commissions départementales ont été autorisées, lors de leur dernière réunion, à comprendre dans le réseau des chemins dont le classement régulier n'avait pas encore été opéré. Vous devrez inviter les administrations municipales à procéder à ce classement, qui s'effectuera suivant les formes ordinaires.

Ainsi que j'ai eu l'occasion de le dire dans la discussion de la loi, il pourra arriver, dans le cours de la période d'exécution, que des besoins nouveaux, résultant, par exemple, de l'ouverture d'une voie ferrée ou d'une route, réclament la substitution d'un chemin vicinal non compris dans le réseau à tel autre chemin désormais délaissé. Je me borne à mentionner ici cette circonstance, qui ne se produira vraisemblablement qu'à titre tout à fait exceptionnel. Sans exclure cette éventualité, j'appelle votre attention, et vous devrez appeler celle des conseils municipaux sur la nécessité impérieuse, pour aboutir à la réalisation du programme, d'en arrêter le plan dès le début et d'en poursuivre avec persévérance l'application. Au surplus, les modifications qui, dans ces cas fort rares, pourraient devenir ultérieurement nécessaires ne seront réclamées que dans un délai plus ou moins éloigné, et je me réserve de vous donner au moment opportun des instructions spéciales.

Evaluation des dépenses par commune.

Pour que les conseils municipaux soient en mesure d'apprécier les ressources qu'ils auront à créer, il faut qu'ils connaissent avec précision les dépenses auxquelles ils auront à pourvoir. Ces dépenses comprennent : 1° la construction des chemins projetés ; 2° l'entretien croissant pendant la période de construction, des mêmes chemins ; 3° l'entretien des chemins précédemment exécutés.

Les documents déjà recueillis par le service vicinal et qui ont passé sous mes yeux vous permettront de fournir, à cet égard, aux conseils municipaux tous les renseignements nécessaires.

Je reviendrai tout à l'heure sur les dispositions à prendre vis-à-vis des conseils municipaux pour assurer l'entretien des chemins qui vont être construits.

Création des ressources vicinales.

La note présentée à l'Empereur par mon prédécesseur signalait les difficultés qui se présenteraient dans la pratique par suite de la profonde inégalité qui existe entre les départements et, dans le sein d'un même département, entre les communes. Cette observation, exacte en ce qui concerne les départements, est d'une vérité plus frappante encore en ce qui concerne les communes, et, suivant que leur situation financière le comportera, vous aurez des communications diverses à leur adresser.

En dehors des communes qui ont terminé leurs voies vicinales, et qui sont malheureusement en bien petit nombre, le cas le plus favorable est celui où il suffira, pour assurer l'exécution en dix ans des chemins compris dans le réseau, d'y affecter les ressources créées par la loi du 21 mai 1836, déduction faite des prélèvements opérés sur ces ressources au profit de la grande et de la moyenne vicinalité. A la vérité, ces communes ne sauraient compter sur les subventions de l'Etat et du département, qui doivent suppléer à la pauvreté de la caisse communale et non l'enrichir sans nécessité. Mais si, dans ce cas, l'appât de la subvention fait défaut, l'avantage des voies de communication est aujourd'hui trop bien compris pour que les conseils municipaux ne s'empressent pas de voter les ressources que la loi met à leur disposition ; vous aurez soin, néanmoins, de stimuler leur zèle. Il serait doublement regrettable que le réseau vicinal présentât des lacunes, précisément dans les localités où la dotation normale de la vicinalité permettait d'exécuter les travaux sans sacrifice extraordinaire.

Une autre catégorie de communes se composera de celles qui ne pourront pourvoir à la dépense qu'en votant, indépendamment des trois journées de prestation et des 5 centimes établis par la loi de 1836, les 3 centimes nouveaux autorisés par l'article 3 de la loi du 24 juillet 1867.

Bien que ces centimes aient un caractère facultatif, on peut se demander si leur spécialité ne les affecte pas, par avance et au même titre que les ressources de la loi de 1836, à l'achèvement des chemins vicinaux, et si les communes qui pourraient terminer les chemins compris dans le réseau subventionné au moyen de ces 3 centimes, et qui cependant négligeraient de les voter, seraient fondées à participer à la subvention.

C'est une question qu'il ne m'appartient pas de trancher, puisque la répartition de la subvention doit être faite, au premier degré, par un décret délibéré en conseil d'État, et, au second degré, par les conseils généraux. Lorsqu'il y aura lieu de procéder à ces opérations, le gouvernement et les assemblées départementales chercheront à s'inspirer de la pensée même de la loi. Je ne doute pas, en tout cas, que les conseils municipaux ne se montrent disposés à user de la faculté nouvelle que la loi de 1867 leur a ouverte, et qui est en si complète harmonie avec les besoins de l'œuvre que nous abordons aujourd'hui : ils se procureront ainsi une ressource qui leur est indispensable, et ils se recommanderont par ce vote à la sollicitude du gouvernement et des conseils généraux.

Vous ne perdrez pas de vue, monsieur le préfet, qu'à la différence des centimes spéciaux autorisés par la loi du 21 mai 1836, les nouveaux centimes ne peuvent être votés par les conseils municipaux qu'avec le concours des plus imposés ; que, d'un autre côté, ils n'ont qu'un caractère facultatif et ne pourraient être imposés d'office. Ma circulaire du 3 août 1867 vous a déjà signalé ces différences ; je me borne à vous les rappeler.

Reste une troisième catégorie de communes, celles qui

ne peuvent pas terminer en dix ans les chemins compris dans le réseau subventionné, même en ajoutant aux ressources spéciales de la loi de 1836 celles de la loi de 1867. La situation de ces communes est évidemment celle que la loi a eu principalement, sinon exclusivement, en vue. D'après le système de l'article 2, elles participeront à la subvention suivant leurs besoins, suivant leur degré de pénurie et suivant l'importance de leurs sacrifices. Dans la répartition qui sera faite d'après l'élément des sacrifices, il sera tenu compte à ces communes de tous les centimes extraordinaires votés, même des centimes autorisés par la loi du 24 juillet 1867.

Il en sera de même des ressources extraordinaires, autres que les centimes, votés dans le même but (aliénations ou coupes extraordinaires de bois communaux, aliénations de biens communaux, rentes sur l'Etat, etc.) et aussi des sacrifices volontaires que s'imposeraient les populations en dehors des ressources créées par les conseils municipaux, tels que journées de travail, fournitures de matériaux, abandons de terrain, souscriptions en argent.

Partout où les habitants donneront un concours de cette nature, sous quelque forme que ce soit, les agents voyers devront l'évaluer en centimes dont la quotité sera prise en considération par le gouvernement, comme celle des centimes proprement dits. Il a paru équitable, en effet, de tenir grand compte de ces sacrifices volontaires dans les communes qui ont leurs centimes extraordinaires engagés dans d'autres dépenses, ou qui, alors même qu'elles en ont conservé la disponibilité, n'y trouvent qu'un produit trop faible pour suffire à la tâche qui leur incombe. C'est surtout en prévision de ces situations si nombreuses et si dignes de sa sollicitude que le législateur a indiqué comme une des bases principales de la distribution des subsides, l'appréciation des besoins et la vérification des ressources. Une autre combinaison de la loi offre à ces communes, à celles mêmes qui sont le plus déshéritées, un autre avantage : c'est celui de contracter des emprunts à la caisse des chemins vicinaux, soit directement, soit par l'intermédiaire des départements qui voudront user de cette faculté.

Emprunts à la caisse des chemins vicinaux.

Je n'ai pas besoin, monsieur le préfet, de revenir sur la combinaison qui sert de base à l'institution de la caisse. En mettant à la disposition des communes [1] une somme de 200 millions remboursable en trente annuités, au taux de 4 pour 100, intérêt et amortissement compris, la loi leur a ouvert des facilités importantes. Pour en comprendre la valeur, il suffit de rapprocher de ces conditions de remboursement celles qui sont actuellement offertes aux communes par le Crédit foncier ou la Caisse des dépôts, ou bien encore de se rappeler que les avantages offerts aux communes imposeront à l'État une charge annuelle éva-

---

[1] Et aussi, mais seulement dans le cas prévu par le paragraphe 2 de l'article 7, à la disposition des départements.

luée à plus de 3 millions et demi. Vous devrez insister sur ce point auprès des administrations municipales et vous attacher à leur faire saisir le mécanisme de ce mode d'emprunt.

Vous leur ferez remarquer que la période comprenant la réalisation et le remboursement intégral de l'emprunt pourra dépasser trente ans et s'étendre jusqu'à quarante. En effet, dans la plupart des cas, l'emprunt ne sera réalisé que par portions successives, et l'amortissement de chacune de ces fractions aura un point de départ différent, qui pourra ne commencer, pour la dernière fraction empruntée, qu'à la dernière année de la période décennale. Une commune, par exemple, empruntera une somme de 10,000 francs réalisable par fractions de 1,000 francs ; le premier dixième, encaissé par la commune en 1869, sera complétement amorti en 1899 ; le dernier, encaissé en 1879 seulement, ne sera amorti qu'en 1909. Mais, en définitive, chaque emprunt ou fraction d'emprunt est toujours amorti, dans les conditions de la caisse, en trente annuités. Il suffira donc que les conseils municipaux votent un emprunt de ..... remboursable en trente ans ; ce vote et l'autorisation qui lui sera donnée, dans le cas où elle est nécessaire, impliqueront la possibilité de diviser la réalisation de l'emprunt, soit d'après le désir des communes, soit d'après les décisions de l'administration de la caisse, sauf au conseil municipal à inscrire chaque année au budget la quotité de ressources nécessaire pour l'amortissement des sommes déjà empruntées dans la limite maximum résultant du vote qui aura approuvé l'emprunt en principe.

Les communes qui seraient dans l'impossibilité de voter l'annuité nécessaire pourront elles-mêmes, grâce à l'article 7 de la loi, n'être pas privées du bénéfice de l'emprunt à la caisse spéciale. Ainsi que je le rappelais tout à l'heure, cet article admet les départements à se substituer aux communes dépourvues de ressources suffisantes, et un grand nombre de conseils généraux ont exprimé l'intention d'user de cette faculté au profit des communes. Vous devrez donc engager les conseils municipaux [1] à prendre une délibération par laquelle ils émettront le vœu que le département emprunte en leurs lieu et place ; ils spécifieront en même temps les ressources qu'ils pourront mettre à la disposition du département pour concourir à l'amortissement de l'emprunt. Ces délibérations seront soumises au conseil général dans sa prochaine session extraordinaire. Dans le cas où le conseil général aurait déjà fixé les conditions que les communes devront remplir, vous signalerez à l'attention des administrations municipales ces stipulations, sur lesquelles elles seront nécessairement appelées à se prononcer.

[1] Il est superflu de dire que cette prescription ne sera pas applicable pour les départements dans lesquels le conseil général aurait, dans la session d'août, constaté expressément l'impossibilité de se substituer aux communes.

Droit d'option des conseils municipaux entre les trois cen-
times nouveaux et une quatrième journée de presta-
tion.

Lors de l'information ouverte en 1867, on a, dans plusieurs départements, exprimé le vœu que les conseils municipaux obtinssent la faculté de voter, au lieu et place des
5 centimes autorisés par la loi du 24 juillet 1867, une
quatrième journée de prestation en nature.

Conformément à ce vœu, l'article 3 de la loi accorde aux
conseils municipaux, pendant la période d'exécution des
travaux, le droit d'opter entre ces deux combinaisons.

Dans quelques départements, on s'est efforcé d'inspirer
aux populations certaines préventions contre la loi des
chemins vicinaux en présentant cette quatrième journée de
prestation comme une charge nouvelle établie d'une manière impérative et à laquelle les communes chercheraient
en vain à se soustraire. Si ces bruits, dont je ne veux pas
rechercher ici l'origine et le but, s'étaient accrédités dans
votre département, vous auriez, monsieur le préfet, à dis-
siper cette erreur et à expliquer que la quatrième journée
de prestation est facultative, qu'elle ne peut être imposée
d'office, et que les conseils municipaux ont le choix ou
de la voter, ou de voter les 3 centimes nouveaux, lesquels
sont eux-mêmes facultatifs. Il y a là une facilité, et non
une obligation nouvelle.

Pourquoi cette facilité a-t-elle été introduite dans la loi ?

C'est parce que dans certains cas, ou dans certaines contrées, il peut arriver que les contribuables aiment mieux donner leur temps que leur argent, et qu'ils considèrent comme une charge moins lourde d'utiliser sur le chantier des bras ou des attelages inoccupés que de verser dans la caisse du percepteur une partie de leur épargne.

Les conseils municipaux sont donc, d'une manière absolue, maîtres de voter les 5 centimes ou de voter, au lieu et à la place des 5 centimes, la quatrième journée de prestation, sous la réserve bien entendu du droit ordinaire du prestataire de racheter sa prestation en argent, si personnellement il préfère ne point l'acquitter en nature.

Il importe d'ajouter qu'à la différence des journées établies par la loi de 1836, la nouvelle journée, au lieu de pouvoir être appliquée aux chemins de grande et de moyenne communication, sera exclusivement communale, c'est-à-dire que le travail en provenant ne pourra profiter qu'aux chemins vicinaux ordinaires de la commune.

En appelant les conseils municipaux à exercer le droit d'option que leur confère l'article 3 de la loi du 11 juillet 1868, vous voudrez bien leur faire remarquer qu'aux termes de cet article, ils ne peuvent en user qu'autant que les charges extraordinaires qui grèvent la commune excèdent 10 centimes.

C'est au conseil municipal qu'il appartient de voter, dans le cas où il préférera cette combinaison, la quatrième journée de prestation. Dans le cas contraire, il ne peut voter les 5 centimes additionnels nouveaux qu'avec le concours des plus imposés. Pour accélérer les délibérations, il conviendra d'inviter les maires à convoquer les plus imposés pour le jour où les conseils municipaux se réuniront, dans toutes les communes où le montant des dépenses comportera, soit le vote de centimes extraordinaires, soit le vote des 3 centimes spéciaux autorisés par la loi de 1867. Le conseil municipal délibérera, sans l'adjonction des plus imposés, sur l'affectation, s'il y a lieu, des ressources ordinaires disponibles, sur le vote des centimes et des journées créés par la loi de 1836 et sur le vote d'une quatrième journée de prestation ; les plus imposés s'adjoindront à la réunion lorsqu'il s'agira de délibérer sur le vote des 3 centimes nouveaux ou d'une certaine quotité de centimes extraordinaires.

Instruction des demandes formées par les communes pour emprunts ou impositions extraordinaires.

Je ne crois pas devoir fixer l'époque où les conseils municipaux devront se réunir. Je préfère m'en remettre sur ce point à votre appréciation, car la convocation ne peut avoir lieu que lorsque les agents chargés du service vicinal dans votre département auront réuni les éléments nécessaires. Mais je n'ai pas besoin de vous faire remarquer combien il est désirable que les centimes extraordinaires votés par les conseils municipaux pour l'exercice 1869 puissent être compris dans le rôle général de cet exercice, sans qu'il soit besoin d'émettre des rôles supplémentaires. Vous voudrez bien, dans ce but, hâter autant que possible la réunion des conseils municipaux et activer l'instruction des délibérations qu'ils auront prises.

Il sera donné suite immédiatement à celles qui, aux termes de l'article 3 de la loi du 24 juillet 1867, sont dispensées de toute approbation. Vous devrez en outre, dans le plus bref délai, statuer sur celles qui doivent vous être soumises, et m'adresser le dossier de celles à l'égard desquelles un décret doit intervenir. L'ensemble des votes des conseils municipaux de chaque département sera résumé dans un tableau dont je vous ferai parvenir incessamment le spécimen et qui simplifiera l'examen de l'administration supérieure.

Pour faciliter en même temps le travail des administrations municipales, vous jugerez sans doute utile, monsieur le préfet, de leur adresser un modèle qui servira de type pour la rédaction des délibérations. Ce modèle embrasserait les diverses hypothèses qui peuvent se présenter, notamment le vote d'une certaine somme sur les revenus ordinaires, le vote des ressources créées par la loi du 21 mai 1836, le vote de tout ou partie des 3 centimes nouveaux autorisés par la loi du 24 juillet 1867, le vote de centimes extraordinaires, l'emprunt direct fait à la caisse spéciale, l'émission d'un vœu pour que le département contracte l'emprunt pour le compte de la commune, l'option faite entre les 3 centimes et la quatrième journée de prestation.

Le même cadre énoncerait, en outre, pour chaque commune, d'après les indications de l'agent voyer, l'évaluation de la dépense.

L'adoption d'un modèle semblable dans les communes d'un même département abrégera assurément le dépouillement et le contrôle des votes des conseils municipaux. Je n'ai pas cru devoir le dresser moi-même, à cause des différences considérables qui existent entre certains départements, notamment pour les conditions relatives aux emprunts à contracter à la caisse spéciale. Je vous serai obligé de m'envoyer un exemplaire de celui que vous aurez adopté.

Vous voudrez bien recommander aux maires d'embrasser autant que possible, dans leurs délibérations, non-seulement l'exercice prochain, mais la période décennale tout entière. Il est utile pour la marche de l'administration communale et pour le bon ordre de ses finances, il ne l'est pas moins pour l'exécution des travaux, qu'au début de l'entreprise le conseil municipal se rende compte, par un coup d'œil d'ensemble, de ce qu'il peut faire, de ce qu'il veut faire, des ressources dont il pourra disposer pour l'achèvement des chemins vicinaux, de celles qu'il pourrait être obligé de réserver pour d'autres projets d'utilité communale.

Nulle part l'œuvre ne sera mieux conduite, nulle part il n'y aura plus de garanties de succès que sur les points où l'on aura envisagé dans toute son étendue la tâche à accomplir. Il est désirable, à ce point de vue, que les conseils municipaux déterminent, dès à présent, soit pour les dix ans, soit pour une portion au moins de cette période, les sacrifices qu'ils entendent s'imposer. Mais je n'ai pas besoin d'ajouter qu'en leur donnant ce conseil, vous leur laisserez toute latitude pour procéder différemment et pour restreindre leur vote à l'exercice prochain, dans le cas ou ils croiraient plus prudent et plus opportun de prendre ce parti.

Entretien des chemins construits.

Une des préoccupations les plus vives que doit ressentir l'administration en abordant l'exécution du réseau vicinal, un des points sur lesquels sa vigilance devra le plus constamment se porter, c'est le bon entretien des chemins qui auront été construits. Si cet entretien n'était pas assuré, si les administrations municipales, moins soucieuses quelquefois de la nécessité de conserver ce qui existe que de créer ce qui n'existe pas, laissaient leurs chemins se détériorer peu à peu, le réseau vicinal ne tarderait pas à retomber dans l'état défectueux, incomplet, insuffisant où il est aujourd'hui, et l'on aurait de plus à regretter les sommes considérables qui auront été absorbées dans cette entreprise. Les 100 millions que l'État accorde à titre de subside, les 200 millions que la caisse délivre à titre de prêt, les ressources que les départements, les communes, les particuliers eux-mêmes vont créer, cette accumulation de richesse serait épuisée sans profit, si les efforts qui auront pourvu à leur construction ne se perpétuaient pas dans la mesure nécessaire pour assurer l'entretien.

Vous ferez, en conséquence, remarquer aux conseils municipaux que le vote de fonds communaux et, à plus forte raison, la participation aux subventions de l'État ou du département, impliquent de leur part l'engagement de pourvoir d'une manière permanente à l'entretien des chemins construits. Cet engagement n'entraînera pas, à la vérité, toutes les conséquences que la législation attache à certaines dépenses pour lesquelles elle a établi des dispositions coercitives, mais il aura la valeur d'un lien moral dont un conseil municipal ne pourrait s'affranchir qu'en méconnaissant les intérêts les plus directs de sa commune. Vous signalerez tout particulièrement ces considérations, auxquelles j'attache une importance capitale, aux réflexions des conseils municipaux.

**Etat des communes de l'empire
ayant 100,000 francs de revenus ordinaires, d'après
les comptes administratifs de 1865,
et classées suivant l'importance de leurs revenus.**

COMMUNES (209).	DÉPARTEMENTS.	POPULA-TION.	RECETTES ORDINAIRES.
Paris..............	Seine..............	1 779 436	134 393 800,30
Marseille..........	Bouches-du-Rhône.	286 281	11 218 938,45
Lyon..............	Rhône.............	300 761	9 174 877,41
Bordeaux..........	Gironde...........	181 424	5 066 222,44
Rouen.............	Seine-Inférieure....	93 019	3 645 068,25
Lille.............	Nord.............	146 943	2 910 422,38
Nantes............	Loire-Inférieure...	107 587	2 495 263,05
Toulouse..........	Haute-Garonne....	114 085	2 225 830,92
Le Havre..........	Seine-Inférieure....	71 570	2 215 583,73
Toulon............	Var...............	54 613	1 775 906,03
Saint-Etienne......	Loire.............	93 047	1 729 492 97
Strasbourg........	Bas-Rhin..........	72 126	1 690 281,53
Roubaix...........	Nord.............	64 706	1 380 607,91
Amiens............	Somme............	56 745	1 219 604,79
Nîmes.............	Gard.............	55 723	1 213 783,39
Versailles.........	Seine-et-Oise......	35 084	1 086 361,91
Montpellier........	Hérault..........	49 320	1 071 171,61
Reims.............	Marne............	58 905	1 036 340,97
Angers............	Maine-et-Loire....	48 935	1 009 236,78
Nice..............	Alpes-Maritimes ..	48 150	997 690,88
Boulogne..........	Pas-de-Calais......	38 492	964 783,31
Brest.............	Finistère..........	60 546	950 920,46
Limoges...........	Haute-Vienne......	48 932	900 363 91
Orléans...........	Loiret............	47 078	898 800,68
Caen..............	Calvados..........	36 077	895 533,31
Tours.............	Indre-et-Loire.....	38 509	879 747,54
Nancy.............	Meurthe...........	46 176	854 991,85
Besançon..........	Doubs............	41 794	824 188,95
Metz.............	Moselle...........	45 207	775 658,14
Rennes............	Ille-et-Vilaine......	40 864	771 486,62
Mulhouse..........	Haut-Rhin........	56 608	758 606,20
Grenoble..........	Isère.............	35 224	755 300,15
Tourcoing.........	Nord.............	38 040	686 460,93
Dijon.............	Côte-d'Or.........	36 797	682 772,67
Avignon...........	Vaucluse..........	31 790	672 555,75
Dieppe...........	Seine-Inférieure....	18 916	613 462,71
Cherbourg.........	Manche...........	28 429	610 750,58

COMMUNES.	DÉPARTEMENTS.	POPULA-TION.	RECETTES ORDINAIRES.
Le Mans	Sarthe	41 764	608 262,35
Dunkerque	Nord	31 662	553 911,35
Béziers	Hérault	25 775	547 608,49
Aix	Bouches-du-Rhône	24 870	543 687,59
Bayonne	Basses-Pyrénées	23 268	540 954,54
Clermont	Puy-de-Dôme	34 461	540 681,41
Angoulême	Charente	22 970	524 888,62
Arras	Pas-de-Calais	21 369	524 819,61
Haguenau	Bas-Rhin	10 043	507 227,85
Valenciennes	Nord	22 339	505 729,33
Douai	Nord	20 055	502 803,81
Colmar	Haut-Rhin	21 805	493 766,69
Poitiers	Vienne	27 781	486 773,72
Pau	Basses-Pyrénées	22 606	466 216,27
Elbœuf	Seine-Inférieure	21 544	443 671,41
Cette	Hérault	23 528	428 925,92
La Rochelle	Charente-Inférieure	16 389	427 062,74
Arles	Bouches-du-Rhône	25 821	412 916,47
Perpignan	Pyrénées-Orientales	21 879	405 552,18
Niort	Deux-Sèvres	18 788	405 420,93
Saint-Quentin	Aisne	31 730	401 903,36
Bourges	Cher	25 935	401 667,99
Troyes	Aube	33 375	399 312,94
Cambrai	Nord	18 507	384 824,56
Chambéry	Savoie	15 084	384 606,58
Blois	Loir-et-Cher	17 344	381 446,11
Rochefort	Charente-Inférieure	23 704	378 420,55
Montauban	Tarn-et-Garonne	24 061	357 444,07
St-Germain en Laye	Seine-et-Oise	15 445	354 141, »
Saint-Denis	Seine	22 195	347 051,79
Lorient	Morbihan	27 250	342 224,45
Chartres	Eure-et-Loir	17 450	339 057,69
Périgueux	Dordogne	18 633	334 944,44
Nevers	Nièvre	18 290	334 589,61
Neuilly	Seine	16 475	327 356,43
Châlons	Marne	14 901	325 167,25
Châlons-sur-Saône	Saône-et-Loire	19 364	322 726,13
Saumur	Maine-et-Loire	12 489	319 094,88
Carcassonne	Aude	19 845	314 512,69
Beauvais	Oise	13 619	313 667,25
Compiègne	Oise	10 714	312 152,88
Épinal	Vosges	11 111	310 722,21
Sedan	Ardennes	13 793	309 368,71
Saint-Omer	Pas-de-Calais	19 922	296 428,72

COMMUNES.	DÉPARTEMENTS.	POPULA-TION.	RECETTES ORDINAIRES.
Moulins	Allier	17 946	295 529,43
Laval	Mayenne	25 437	293 413,26
Annecy	Haute-Savoie	10 195	293 256.91
Vienne	Isère	23 605	291 136,53
Lisieux	Calvados	12 120	285 578,08
Clichy	Seine	13 413	282 565.58
Mâcon	Saône-et-Loire	16 913	281 076,10
Abbeville	Somme	18 042	274 535,76
Agen	Lot-et-Garonne	16 804	270 946,32
Meaux	Seine-et-Marne	9 352	269 496,12
Tarbes	Hautes-Pyrénées	13 901	261 985,44
Schélestadt	Bas-Rhin	9 950	260 710,88
Fontainebleau	Seine-et-Marne	9 071	257 566,82
Albi	Tarn	15 064	257 031,35
Cognac	Charente	9 263	252 426,53
Narbonne	Aude	16 037	247 210,98
Calais	Pas-de-Calais	11 102	243 058, »
Valence	Drôme	17 420	238 295,52
Le Puy	Haute-Loire	17 829	237 082,63
Châteauroux	Indre	15 554	234 178,84
Auxerre	Yonne	13 758	233 093,22
Boulogne	Seine	17 223	230 853,70
Castres	Tarn	19 867	228 425,11
Alençon	Orne	14 864	223 560,43
Montluçon	Allier	17 979	219 279,74
Armentières	Nord	14 919	217 942,56
Roanne	Loire	19 210	217 077,46
Soissons	Aisne	8 890	215 645.08
Bar-le-Duc	Meuse	14 515	210 567,04
Alais	Gard	19 345	208 084,52
Verdun	Meuse	10 536	206 815,17
Charleville	Ardennes	10 767	205 542,67
Poissy	Seine-et-Oise	5 762	201 917,17
Annonay	Ardèche	17 796	201 767,93
Lunéville	Meurthe	12 593	201 166,64
St-Pierre-lez-Calais	Pas-de-Calais	16 821	199 613,90
Melun	Seine-et-Marne	8 239	198 995.43
Saintes	Charente-Inférieure	10 734	195 784.93
Cahors	Lot	13 271	187 476,47
Bayeux	Calvados	8 552	186 304.78
Villefranche	Rhône	11 876	184 790,11
Evreux	Eure	10 950	182 171,03
Auch	Gers	10 449	181 826,11
Bagnères-de-Luchon	Haute-Garonne	3 921	180 786,88

COMMUNES.	DÉPARTEMENTS.	POPULA-TION.	RECETTES ORDINAIRES.
Rive-de-Gier........	Loire.............	14 381	176 800,39
Lons-le-Saulnier...	Jura.............	9 012	173 972,50
Ajaccio............	Corse.............	13 014	173 880,58
Châtellerault.......	Vienne.............	13 743	173 509,06
Vannes............	Morbihan.........	13 024	173 476,88
Quimper...........	Finistère.........	10 814	172 857,40
Bourg.............	Ain.............	13 552	171 224,97
Epernay...........	Marne.............	11 408	170 975,24
Saint-Brieuc.......	Côtes-du-Nord.....	14 007	170 946,67
Libourne..........	Gironde.........	13 461	169 126,19
Draguignan.......	Var.............	9 275	167 225, »
Louviers..........	Eure.............	11 645	164 565,69
Morlaix...........	Finistère.........	13 432	162 568,77
Saint-Malô........	Ille-et-Vilaine.....	9 423	161 944,49
Sens.............	Yonne.............	10 791	161 865,13
Saint-Lô..........	Manche.........	8 859	158 134,80
Laon.............	Aisne.............	8 751	155 135,32
Trouville..........	Calvados	5 686	153 968,07
Eaux-Bonnes.......	Basses-Pyrénées....	771	153 325,54
Honfleur..........	Calvados.........	9 842	153 306,98
Bastia............	Corse.............	20 194	152 890,23
Cannes............	Alpes-Maritimes....	9 550	152 355,08
Obernai...........	Bas-Rhin.........	5 155	151 909, »
Granville..........	Manche.........	12 188	151 246,63
Givors............	Rhône.........	9 927	150 644,19
Dôle.............	Jura.............	9 705	150 460,78
Tarare...........	Rhône.........	15 051	123 366,96
Béthune..........	Pas-de-Calais......	7 671	147 563,01
Aurillac..........	Cantal.........	9 772	146 173,40
Mayenne..........	Mayenne.........	9 895	145 772,45
Beaune............	Côte-d'Or.........	10 547	145 192,84
Rodez............	Aveyron.........	9 690	144 997,76
Beaucaire.........	Gard.........	9 595	144 727,98
Tarascon	Bouches-du-Rhône.	11 707	143 090,47
Cholet............	Maine-et-Loire....	13 076	140 116,90
Auxonne..........	Côte-d'Or.........	4 527	139 531,99
Saint Servan.......	Ille-et-Vilaine.....	11 342	135 674,26
Carpentras........	Vaucluse.........	10 786	135 268,59
Fécamp...........	Seine-Inférieure....	12 700	134 755,09
Saint-Nazaire......	Loire-Inférieure....	17 879	134 695 89
Courbevoie........	Seine.............	8 875	134 452,58
Avranches.........	Manche.........	8 205	133 968,15
Vitry-le-Français...	Marne.............	7 431	133 744,36
Fontenay.........	Vendée.............	7 583	132 915,08

COMMUNES.	DÉPARTEMENTS.	POPULA-TION.	RECETTES ORDINAIRES.
Autun................	Saône-et-Loire.....	11 960	132 864,15
Falaise............	Calvados..........	8 094	131 357,15
Lodève.............	Hérault...........	10 310	130 533,74
Vendôme..........	Loir-et-Cher......	8 729	130 430,24
Gray..............	Haute-Saône.......	6 121	130 394,72
Saint-Dié.........	Vosges............	10 230	128 545,35
Rueil.............	Seine-et-Oise......	6 080	128 091,71
Issoudun..........	Indre.............	13 757	127 509,46
Napoléon-Vendée...	Vendée............	7 430	125 760,09
Maubeuge..........	Nord.............	9 852	124 729,74
Saint-Chamond.....	Loire.............	12 355	124 618,82
Langres...........	Haute-Marne......	7 440	124 576,50
Bailleul..........	Nord.............	12 041	124 149,18
Belfort...........	Haut-Rhin........	6 257	123 683,32
Romans............	Drôme............	10 798	121 357,71
Wissembourg......	Bas-Rhin.........	5 247	120 831,57
Riom..............	Puy-de-Dôme......	9 401	119 674,77
Hazebrouck........	Nord.............	8 724	119 318,99
Chaumont	Haute-Marne.......	7 790	118 925,56
Grasse............	Alpes-Maritimes....	11 740	118 587,33
Mazamet..........	Tarn.............	12 864	117 140,72
Rosheim..........	Bas-Rhin.........	5 948	117 062,94
Aubenaz..........	Ardèche..........	7 574	117 018,81
Milhau...........	Aveyron..........	13 591	115 699, »
Biarritz..........	Basses-Pyrénées...	5 672	115 141,83
Provins...........	Seine-et-Marne....	6 465	115 062,87
Coutances.........	Manche...........	7 380	114 998, »
Vesoul............	Haute-Saône.......	6 263	114 902,10
Vire.............	Calvados..........	6 458	114 161,18
Thiers...........	Puy-de-Dôme......	16 069	113 104,82
Flers............	Orne.............	10 185	113 030,34
Pontoise..........	Seine-et-Oise......	5 995	112 330,20
Castelnaudary.....	Aude.............	8 873	108 481,44
Étampes..........	Seine-et-Oise......	8 058	108 050,23
Tulle............	Corrèze..........	11 901	107 624,78
Aire.............	Pas-de-Calais.....	8 327	107 342,90
Chauny...........	Aisne............	8 891	106 169,81
Argenteuil........	Seine-et-Oise......	7 849	103 257,13
Thionville........	Moselle...........	5 400	103 005,65
Poligny...........	Jura.............	5 205	101 676,72

TABLE ALPHABÉTIQUE DES MATIÈRES

P

Q

R

S

T

U

V

Paris. — Typographie HENNUYER ET FILS, rue du Boulevard, 7.